KB200136

울보 엄마

자녀와 다음세대를 위해
하나님이 찾으시는 사람

권미나 지음

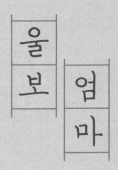

규장

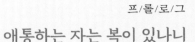

애통하는 자는 복이 있나니

"어머니, 두 번째 책 제목은 무조건 '울보 엄마'로 하세요!"
"맞아, 맞아! '울보 엄마'가 딱이야!"

어느 날, 저녁을 먹고 나서 식탁에 둘러앉아 과일을 먹고 있는데 아이들이 갑자기 두 번째 책 이야기를 꺼내더니 자기들끼리 '울보 엄마'로 제목을 정하고는 너무 마음에 든다며 깔깔대고 좋아했습니다. 아이들이 감격에 겨워 기뻐하고 있을 때, 저는 찬물을 끼얹듯이 못마땅하다는 말투로 대꾸했습니다.

"야! 그럼 어머니는 바보에다 울보냐? 너무하잖아~"

그런데 그 순간 아이들의 눈빛은 어머니가 속상해하셔도 그게 지금까지 자기들이 보아온 어머니의 모습이라고 말하는 것 같았습니다. 아이들은 그렇다 하더라도, 남편까지 진지하게 '울보 엄마' 말고 다른 건 없다고 울보 엄마로 이야기를 써야 한다고 하니 더 이상 아무 말도 할 수 없었습니다.

'바보에다가 울보….'

이 말을 계속 되뇌는데 6남매의 엄마로 아이들을 키워오면서 어찌할 줄 몰라서 울고 또 울었던 지난 시간이 떠올랐습니다. 그러는 가운데 하나님께서 '눈물'에 관한 이야기를 쓰고 싶은 마음을 부어 주셨습니다.

지금 당장은 아니더라도 언젠가 써야지 하는 마음이었는데, 한국으로 귀국하고 나서 규장 여진구 대표님을 만나 뵈었을 때 생각지도 못했던 두 번째 책 집필을 권유받게 되었습니다. 순종하는 마음으로 "네"라고 말씀드렸지만 이내 후회가 되면서 자신이 없어졌습니다.

책 한 권의 분량을 채울 수 있을지, 어떤 흐름으로 어떻게 써 내려갈지, 도무지 답이 나오지 않고 두려워서 숨고만 싶었습니다. 어느 금요기도회 때, 모든 두려움과 막막함을 하나님께 토해놓으며 울부짖으며 기도했습니다.

"하나님, 전 못하겠어요…. 제 생각에는 불가능할 것 같아요. 저 어떻게 해요? 흑흑흑"

한참을 울며 기도하고 있는데 하나님께서 한 장면을 보여주셨습니다. 아주 보잘것없는 제 투박한 글에 하나님께서 당신의 숨결을 불어넣어 주시는 것 같은 모습이었습니다. 그 순간 엉엉 울며 하나님께 말씀드렸습니다.

"하나님, 감사해요. 하나님의 숨결을 불어넣어 주시겠다는 그 약속 꼭 붙잡고 저 한번 해볼게요. 아버지, 기대합니다! 당신의 생기를 불어넣어 주셔서 이 땅의 울고 있는 많은 엄마들을 살리시고 세우실 것을 정말 기대합니다!"

울보 엄마들과 나누고 싶은 이야기들

'저자'라고 하기에는 어휘력과 표현력이 참으로 부족한 저였기에 단어 하나를 놓고도, 내용 흐름 전개를 위해서도 하나님을 의지할 수밖에 없었습니다.

"하나님, 이것을 표현할 단어를 모르겠어요. 아버지, 가르쳐주세요."

"하나님, 이 부분은 하나님께서 하고 싶으신 말씀이 있으시잖아요. 저는 키보드에 손만 얹고 있을게요. 하나님께서 써주세요. 하고 싶으신 말씀을 해주세요."

'눈물'에 관한 이야기를 쓰면서 때로는 그때의 눈물이 다시금 복받쳐 올라와서 더는 이야기를 쓰지 못하고 엉엉 울기도 했고, 어떨 때는 하나님께서 역사하셨던 일들의 감격이 다시금 부어져서 혼자 흥분하기도 했습니다.

때로는 자녀 양육에 관한 글을 쓴다는 것이 두렵기도 했지만, 다른 방법이 없어서 하나님께만 매달렸던 울보 엄마인 저에게 주님께서 친히 가르쳐주시고 깨닫게 해주신 것들, 그리고 가슴이 터질 것 같이 저에게 외쳐달라고 부어주신 메시지들을 또 다른 울보 엄마들에게 말해주고 싶었습니다. 그리고 눈물로 아이들을 키우는 은혜의 이야기들을 들려주고 싶었습니다. 우리에겐 희망이 있다고, 소망이 있다고, 그리고 부족한 모습으로라도 감당해야 할 사명이 있다고 전해주고 싶었습니다.

울보 엄마가 누릴 눈물의 은혜로 초청합니다

세상은 무능력한 울보를 조롱할지 모르지만, 하나님께서는 그분의 이름을 부르며 그분 앞에서 우는 울보를 주목하시고 사랑하신다는 것이 제게는 큰 은혜였습니다. 그리고 눈물이 능력 되고, 눈물이 기적 되는 것을 보게 하신 것 또한 말할 수 없는 감격이었습니다.

무지하고 연약해서 흘린 눈물이었지만 그 눈물이 때로는 나의 죄를 씻기고 내 안의 악함을 씻어내는 눈물이요, 때로는 감당할 수 없는 것을 감당하게 하시는 능력의 눈물이요, 하나님만이 하실 수 있다는 절대적 신뢰와 의지의 눈물이었습니다.

저의 무지와 약함으로 할 수 있는 것이 우는 것밖에 없어서 울고 울었던 시간이었지만, 그 눈물 속에서 깨닫고 발견하게 된 은혜가 너무도 커서, 이제는 이 땅의 모든 엄마들에게 우리 모두 힘써 '울보 엄마'가 되자고 외치고 싶습니다. 그래서 한국 교회와 온 열방에 엄마들의 울부짖는 눈물의 기도가 다시금 회복되고, 우리의 눈물이 자녀들을 살리는 '생명의 눈물'이 될 수 있기를 간절히 소망합니다.

오늘도 눈물로 아이들을 키우고 있는

권 미 나

프롤로그

차례

CHAPTER

1

나의 죄를 씻어내는
눈물의 은혜

한 알의 밀알

결혼하고 엄마가 되고 나서, 기도할 때마다 하나님께서 많이 떠오르게 하신 말씀이 있었다.

> 내가 진실로 진실로 너희에게 이르노니 한 알의 밀알이 땅에 떨어져
> 죽지 아니하면 한 알 그대로 있고 죽으면 많은 열매를 맺느니라
> 요 12:24

그런데 그것도 한두 번이지 계속해서 "죽어야 한다"라는 말씀을 주시니 어떨 때는 기분이 좋지 않았다. 하지만 하나님께서 반복해서 말씀하신다는 것은 중요하다는 뜻으로 알고 이 말씀을 종이에 써서 붙여놓고 볼 때마다 읊조리고 암송했다.

이후 하나님께서 주시는 감동을 따라 출산하고 입양하고를 반복해야 했던 내 삶은 겉으로 보기에 흠모할 만한 모습이 아니었다. 막내는 업고, 한 명은 유모차에 태우고, 또 한 명은 걷는 게 아직 시원치 않아서 유모차 손잡이를 잡게 하고, 나머지 아이들은 잘 따라오도록 계속 주시하면서 교회를 다니던 기억이 난다.

한번은 교회 식당에서 막내를 업고 그 위의 연년생 막둥이들에게 밥을 먹이며 나도 급한 마음에 서서 밥을 먹는데, 한 아이가 똥이 나올 것 같다고 했다. 그래서 그 아이를 데리고 화장실에 갔다 오니 또 한 명이 그제야 자기도 화장실이 급하단다. 이미 지쳐서 눈물까지 나려고 했다.

기도하지 않으면 하루도 버틸 힘이 없어서 막내를 업고 새벽기도를 갔다. 설교가 끝나고 불이 꺼져서 이제 기도를 시작해야 하는데 아이가 깨면 다시 재울 방법도 없고 시간이 계속 흘러가는 게 아까워서 막내를 업은 채로 서서 흔들거리며 기도를 시작했다. 기도하다 보면 몸이 힘들어 본당 뒤쪽으로 가서 아이를 업은 채로 벽에 기대어 두 손을 들고 기도했다. 지금 생각해보면, 한 바보 엄마의 처절한 기도 모습이었다.

시간이 흐를수록 나는 알게 되었다. 하나님께서 내게 요구하신 삶이 때론 실제로 죽는 것과도 같은 것임을…. 어느 날은 새벽기도에 가서 처음부터 끝까지 펑펑 울었다.

"하나님, 저 잘 아시죠? 제가 웬만하면 하는데요, 집안일이 너무 많아서 제가 다 감당할 수가 없어요. 하나님, 너무 고되고 너무 힘들어요. 이렇게 계속 살아갈 자신이 없어요. 저 어떡해요? 엉엉엉…"

여섯 아이를 감당하기가 힘에 부치는 날들이 계속되면 약한 몸과 마음이 버텨내지 못해 쓰러지는 일이 일어나기도 했다. 기력이 점점 떨어지면서 소화도 잘되지 않고, 몸속에 순환이 되지 않고 뭔가 속이 막혀 있는 듯한 답답함이 느껴지면서 기절하는 것처럼 쓰러지곤 했다.

그날은 주일이었다. 코로나로 현장 예배 인원이 제한되어 남편만 한인교회로 예배를 드리러 갔고, 아이들은 집에서 먼저 영상으로 예배를 드린 다음 거실에서 놀고 있었고, 나는 남편 방에서 혼자 예배를 드리고 있었다.

예배에 온전히 집중하고 싶은 마음에 아이들이 중간에 들어와서 방해하지 못하도록 문을 잠그고 예배를 드렸는데 그게 문제가 되었다. 예배가 끝나가는데 몸에 힘이 빠지면서 그만 기절 상태로 몸을 움직이지 못하게 되었다.

아이들은 예배가 끝났을 텐데도 어머니가 나오지 않자 문을 두드리며 계속 불러댔다. 그 소리가 희미하게 들렸지만 나는 소리를 낼 수도 없었다.

결국 남편이 급히 달려와서는, 인부들이 페인트칠을 하려고 설치해둔 구조물을 타고 올라와 화장실 문을 통해 들어왔다. 남편이 와서 나를 눕히고 차가워진 몸을 계속해서 만져주고 혈자리를 눌러주며 정신을 차리게 도와주었다. 다급한 손으로 나를 주물러주고 눌러주는데 눈물이 주르륵 흘렀다. 그런데 막내의 한마디가 우리 모두를 웃게 했다.

"어머니가 이렇게 아프면 이제 누가 우리 밥 구워줘요?"

막내는 '요리'를 '구워주는 것'으로 표현했는데 어머니가 저렇게 누워있는 걸 보니 엄마 걱정보다 자기 밥 굶을까 봐 그게 더 걱정이 되었나 보다.

죽기 싫은 자아

하나님께서는 내게 "죽으면 열매를 많이 맺는다" 하셨지만, 죽기 싫은 내 자아가 스멀스멀 올라올 때도 있었다. 그럴 때면, 나를 쉬지 못하게 하고 힘들게 하는 아이들을 향한 짜증과 불평이 쏟아져 나왔고, 좀 더 도와줄 수 없냐고 남편에게 쏘아붙이기도 했다. '천국을 누리는 홈스쿨'이 아닌 '감옥 같은 홈스쿨'로 느껴지며 집에서 탈출하고 싶기도 했다.

죽기 싫다고 발버둥 치는 나 때문에 가족들이 점점 더 힘들어했고, 나 역시도 너무나 괴로웠다. 버틸 수가 없어서 아이들을 재우고는 기도하려고 작은방에 들어가 앉았다. 나는 뜨거운 회개의 눈물을 흘리며 하나님께 다시 부탁드렸다.

"하나님, 제가 한 알의 밀알로 이 가정에서 썩어 죽어지게 해주세요. 주님, 제힘으로는 죽어지지가 않아요. 제가 죽어 남편을 살리고, 제가 죽어 아이들을 살릴 수 있도록 주님, 제발 죽어지게 해주세요. 흑흑흑…"

그렇게 나는 죽어지기를 울부짖으며 기도했다. 그리고 그 이후로 마음이 또 힘들어질 때마다 구자억 목사님의 '이름 없이 빛도 없이'라는 찬양을 부르며 다시금 마음을 지키려고 했다.

"하나님을 따른다는 것이 너무 힘들고
고통의 길이라 해도 돌아서지 않겠네
주님 십자가 날 위해 지셨듯이
하나님을 따른다는 것이
때론 핍박과 조롱을 당한다 해도 멈춰 서지 않겠네
주님 갈보리 날 위해 가셨듯이
사람들은 나에게 말하지
좀 더 편하고 넓은 길로 오라고
하지만 난 그들에게 말하지
이 길만이 생명의 길이라고
이름 없이 빛도 없이 그 어떤 대가도 없이
나에게 주어진 이 길만 걸어가겠소

만일 주께 나의 생명 지금 필요하다면

이 자리에 죽어지는 것이 나의 삶이니까요

만일 주께 나의 생명 지금 필요하다면

이 자리에 죽어지는 것이 주님 뜻이니까요”

열매 맺는 기쁨

얼마 전, 저녁 식사를 준비하고 있는데 다섯째 예이가 다가와서 이렇게 말했다.

“어머니, 저는 어머니가 두 번째로 좋아요.”

“그래? 그럼 첫 번째는 누구야?”

나를 두 번째로 좋아한다는 말보다, 그렇다면 첫 번째로 좋아하는 사람이 누구인지 궁금해졌다. 예이는 나의 궁금증을 더하려는 듯이 뜸을 들이고는 정답을 말해주었다.

“음…, 첫 번째는 하나님이에요!”

“와, 그렇구나! 그럼 세 번째는 누구야?”

“세 번째로 좋아하는 사람은 아버지!”

역시 남편보다는 내가 예이에게 인정을 더 받고 있다는 사실에 흐뭇한 웃음이 지어졌다.

“그럼 네 번째는 누구야?”

“우리 가족! 오빠들하고 제이!”

"그럼 다섯 번째는 누구야?"

"시골 할머니, 빼빼로 할머니와 이모 고모들이요."

"그럼 여섯 번째는 누구야?"

"예수님 믿는 사람들."

"아이고, 우리 예이는 똑순이!"

그렇게 예이가 좋아하는 순위를 다 듣고는 통통한 예이 볼에 내 얼굴을 비비며 나도 예이를 사랑한다며 꼭 안아주었다.

예이의 그 고백이 그때 당시에는 마음이 흐뭇한 정도였는데 하나님께서 다시금 이 말이 생각나게 해주셨을 때는 눈물이 쏟아졌다. 가슴이 찢어지는 아픔으로 낳은 우리 딸이 첫 번째로, 가장 사랑하는 분이 하나님이라니.

"하나님, 저는 이제 충분해요. 우리 예이가 하나님을 제일 사랑한다고 고백한 것으로 저는 이제 됐어요. 때론 제 삶이 너무 구질구질해 보이고, 왜 저렇게 사냐 하는 사람들의 눈치도 눈물로 삼키고, 힘들고 고생스러웠던 거 이젠 다 괜찮아요. 짐승 같은 울음으로 죽어지게 해달라고 울부짖으면서 몸부림쳤던 시간들도 이젠 다 괜찮아요. 하나님, 너무 감사해요…."

그날 하나님께서는 죽으면 많은 열매를 맺는다고 말씀하셨던 그 '열매 맺는 기쁨'에 내 눈이 뜨이게 해주셨다. 그 기쁨이 너무도 황홀하고 감격스러워서 더욱 '죽어지고 싶은' 마음이 일어나게 해주셨다. 어쩌면 우리 주님께서도 그 고통스러운 십자가를 지시면서 이 죽음이 인류를 구원하는 열매로 맺힐 것을 아시기에 그 기쁨을 기대함으로 견디셨던 것은 아닐까?

나는 오늘도 내가 죽어 열매 맺는 삶을 살아내야 했다. 막둥이들이 자꾸 심심하다고 했다. 집에서는 놀 만한 게 없어서 데리고 놀이터로 갔다. 몸은 쑤시고 아프고, 마음은 아이들과 놀아주기 싫고, 어떻게 놀아주어야 할지도 알 수가 없었다. '어머니가 힘드니까 알아서 놀라고 단호하게 모른 척할까?' 하는 생각도 들었지만, 순간 마음속으로 잠시 기도했다.

'하나님, 제가 죽어지고 아이들과 잘 놀아줄 수 있도록 제게 지혜를 주세요.'

기도하고 나니 집에서 들고 온 공이 눈에 떠어 그 공을 던지고 받으며 놀고, 그러다 '얼음, 땡'도 하며 놀아줄 수 있었다. 그런데 옆에 아빠와 함께 놀러 온 아이가 보였다. 아이는 아빠와 놀고 싶어하는 눈치인데 아빠는 건성으로 시소를 같이 타며 핸드폰에만 눈이 가 있었다. 결국 아이는 조금 있다가 시무룩한 표정으로 집으로 돌아갔다.

집에 돌아와서 저녁을 먹고 씻고 잠시 쉬며 여유를 가지고 있는데, 색종이로 뭔가를 만들고 있던 로이가 잘 안되는지 엄청 짜증을

냈다. 순간 나도 짜증이 확 나서 신경질적인 목소리로 뭐라 하고 싶었지만 잠시 '주님, 제가 죽어지고 로이의 마음을 읽어줄 수 있게 해주세요'라고 기도한 다음, 내가 생각해도 엄청나게 오버를 해가며 로이를 격려하고 응원했다.

"로이야, 뭐가 잘 안돼? 차분히 천천히 다시 해봐. 우리 로이 최고! 로이는 할 수 있다! 잘한다 잘한다 황로이!"

자기 전, 로이는 자기가 그린 그림을 아버지에게 먼저 자랑했다. 나를 예쁘게 그려놓은 그림에는 이런 말이 쓰여있었다.

'어머니 사랑해요. 어머니 진짜 사랑해요. 우리를 키워주셔서 정말 감사해요. 어머니 다시 한번 더 사랑해요.'

왜 하나님께서 "죽어야 한다"라고 계속해서 말씀하셨는지 이제 조금은 알 것 같다. 우리가 죽어진 자리에서 '많은 열매 맺는 기쁨'을 누리게 하시려는 것이 아닐까?

살아있어 줘서 고마워

코로나로 세계가 떠들썩하던 2020년 5월, 로이가 조금 이상했다.

어느 날부턴가 눈을 깜빡이기 시작하더니 얼마 지나지 않아 "음, 음" 하는 소리를 반복적으로 내기 시작했다. 엄마의 직감으로 뭔가 문제가 생겼구나 싶어서 불안한 마음이 들었다.

아이들을 재운 후 작은방에 들어가 걱정스러운 마음으로 기도를 시작했다. 기도하는 내내 하나님께서 로이를 기대하라는 마음과 로이를 향한 하나님의 선하시고 위대한 계획들에 대한 마음을 주셨다. 하나님께서 안심시켜 주셨기에 평안한 마음으로 잠자리에 들 수 있었다.

그러나 시간이 지날수록 로이의 반복적인 소리는 더욱 커지고 심해졌다. 그제서야 나는 로이의 증상을 검색해보다가 그만 깜짝 놀라고 말았다. 로이의 증상이 '틱(Tic. 아이들이 특별한 이유 없이 자신도 모르게 얼굴이나 목, 어깨, 몸통 등의 신체 일부분을 아주 빠르게 반복적으로 움직이거나 이상한 소리를 내는 것) 장애'와 똑같았기 때문이었다. 로이가 반복적으로 내는 소리는 음성틱이었다.

그 사실을 확인하고 나서 공포스러울 정도의 두려움이 나에게 엄습했지만, 며칠 전 기도했을 때 하나님께서 주신 그 음성을 신뢰하기로 하고 정신을 차릴 수 있었다.

남편에게 먼저 이 사실을 알리고, 로이를 제외한 나머지 아이들을 조용히 불러 이 상황을 설명했다.

"얘들아, 로이가 내는 소리는 틱이라는 것인데 이건 자기가 안 하고 싶다고 해서 안 할 수 있는 것이 아니래. 자기도 모르게, 자기도 어쩔 수 없이 내게 되는 소리야. 그리고 하지 말라고 주의를 주고 혼내면 더 심해진대. 시끄럽고 힘들더라도 아무 소리 말고 모르는 척하고 참아주고 좋아질 때까지 기다려주는 것밖엔 없어. 어머니가 부탁할게."

아이들이 나의 부탁을 잘 들어주고, 로이의 음성틱이 정말 심했던 때에도 누구 하나 시끄럽다고 하지 않고 끝까지 참아준 것이 지금 생각해도 참 감사하고 너무도 고맙다.

진작 들어주지 못해 미안해

로이의 틱이 시작되면서, 나는 하루에 두 번 기도하지 않으면 도저히 살 수 없었다. 하루를 시작하기 전과 하루를 마친 후, 이렇게 기도로 시작하고 기도로 마무리하지 않으면 감당할 수 없는 삶이었다. 짧은 인생이었지만 위기와 고비들이 많았다고 생각했는데 그건 아무것도 아니었다. 아이가 아프니까 이것보다 더 고통스러운 것이 없었다.

로이의 증상이 틱이라는 것을 알고 기도하기 시작했을 때 성령께서 내게 회개의 영을 부어주셨다. 로이가 빨리 낫게 해달라는 기도는 나오지도 않았고, 지난날 내가 로이의 엄마로서 잘못했던 것들을 회개하는 눈물의 기도만 나올 뿐이었다.

로이가 유치원에서 인도계 담임선생님에게 뺨을 맞았다고 유치원에 가기 싫어했지만, 아이들의 학생비자가 걸려 있기 때문에 어쩔 수 없다고 생각하며 가기 싫다고 우는 로이를 스쿨버스에 억지로 태워 보냈던 장면이 생각나서 오열했다.

로이가 19개월 때 9개월 차이 나는 10개월의 예이를 데려오고, 또 얼마 지나지 않아 임신까지 하면서 로이의 몸과 마음을 따뜻하게 잘 보살펴주지 못했던 지난날이 떠올라서 로이가 얼마나 힘들었을까 하는 미안함에 울고 또 울었다.

그렇게 일주일 정도 뜨거운 눈물을 흘리며 회개 기도를 하고 난 후, 틱 소리를 내며 뭔가를 만들고 있는 로이를 보니 꼭 안아주고 싶은 마음이 들었다.

"로이야, 로이가 이렇게 어머니의 아들로 살아 있어줘서 고마워! 어머니는 그것만으로도 너무 감사해!"

꼭 잃어버렸던 아들을 다시 찾은 것만 같은 느낌이 들었다. 틱을 하게 되기까지 어린 로이가 얼마나 힘들었을지 헤아리지도 못하고 살펴보지도 못한 못난 엄마였지만, 아이가 아프고 난 다음에라도 무엇이 문제였고 무엇 때문에 아이가 아프고 힘들었는지를 뒤돌아보게 되니, 늦었어도 이 또한 은혜였다. 틱을 하든 안 하든 내 아들, 로이 존재 자체에 대한 소중함과 감사가 내 마음에 가득 차올랐다.

그동안은 계속되는 육아에 아이 한 명 한 명의 이야기를 귀담아들을 여유가 없었는데 그때부터는 로이의 이야기에 귀를 기울이기 시작했다.

"로이야, 혹시 힘들었던 이야기 말할 거 없어?"

어머니가 자기 이야기를 들으려고 집중하는 모습을 보니 신이 났는지 로이가 이야기를 쏟아내기 시작했다. 나는 로이의 입장에서 그 마음을 읽어주고 공감해주기 위해 기도하며 아이의 말을 들었다. 유치원에서 힘들었던 이야기를 들으면서는 "정말 무서웠겠다", "마음이 아팠겠다"라며 아이의 감정을 표현해주었고 선생님을 대신해서 사과하고 용서를 구했다.

엄마인 나에 대해서 아픈 이야기를 꺼낼 때도 진심으로 용서를 구했다. 같은 이야기를 반복해서 몇 번이나 할 때는 '그 아픔이 아직 해결되지 않았나 보다' 싶어서 말할 때마다 용서를 구하고 마음을 헤아려주었다.

그렇게 하루하루를 보내다 보니 로이는 틈만 나면 "어머니, 또 이야기해줄까요?"라고 묻곤 했다. 그런 아이를 보며 속으로 눈물을 삼켰다.

'진작에 들어주었어야 했는데, 이제 와서야 이야기해보라고 해서 정말 미안해. 로이야, 정말 미안해. 엄마를 용서해줘.'

로이의 음성틱은 시간이 갈수록 더욱 심해졌다. "음, 음" 하는 소리가 갈수록 더 커졌고 빈도와 횟수도 더욱 늘어나서 분 단위로 소리를 내기 시작했다. 아이의 틱 소리를 들을 때마다 내 가슴에 못이 박히는 것 같고 숨을 쉴 수 없을 것 같았다. 하지만 나는 아무렇지도 않은 듯 연기해야 했다. 미소가 지어지지 않았지만 아들을 살리기 위해 웃어야 했다.

하나님은 괜찮으세요?

로이를 데리고 외출하는 것이 점점 힘들어졌다. 소리를 계속 내니 주변 사람들에게 폐를 끼치는 것 같았고 그 시선을 감당하기가 힘들었다. 어느 날, 밥을 할 힘도 없어서 밖에서 먹기로 하고 온 가족이 집 근처의 식당에 갔는데, 아니나 다를까 로이의 틱 소리가 계속 나니 나는 점점 고개를 숙이게 되었다.

아이들이 다 잠들고 나면 작은방으로 가서 그제야 하나님 앞에다 쏟아놓기 시작했다. 한참을 울며 기도하다가 나도 모르게 하나님께 이런 말씀을 드렸다.

"하나님, 저는 이렇게 고개 숙이며 살아도 괜찮아요. 전 원래 미천한 인생 아니었습니까? 그런데 하나님은 괜찮으세요?"

아니, 이게 무슨 말인가. 피조물이 어찌 창조주 하나님을 걱정한단 말인가? 하지만 그것은 내 진심이었다. 나같이 부족한 사람도 하나님께 영광 돌리는 삶을 살고 싶었다. 그런데 점점 내 삶이 하나님의 영광을 가리는 삶이 되는 것 같았고, 무엇보다 "저렇게 아이들을 줄줄이 낳더니 잘 키우지도 못해서 한 명은 저렇게 틱까지 한다"라고 손가락질당하고, "저렇게 사는 삶은 옳지 않아"라는 소리를 듣게 되는 것 같아 마음이 아팠다. 한참을 울면서 아픈 마음을 하나님 앞에 다 토해내었다. 그러고는 불을 끄고 방을 나가며 이렇게 말씀드렸다.

"아버지, 자고 새벽에 또 올게요…."

로이의 틱이 심해질수록 견디기 힘들 때가 많아졌다. 그 당시 틱에 대한 영상을 많이 보게 되었는데 성인이 되어서까지 틱이 없어지지 않고 고통받는 사람들의 영상을 보고는 두려움이 엄습해왔다. 내 마음을 뒤흔드는 생각들과 아이가 자는 시간 외에는 온종일 들어야 하는 틱 소리로 심신이 지쳐갔다. 점점 버티기가 힘들어지던 어느 날 밤에 기도하다가 이렇게 울부짖었다.

"하나님! 우리 로이, 사람 구실 하며 살 수 있게 해주세요!"

온종일 소리를 내는 로이를 보니 공부는 할 수 있을지, 직장은 구할 수 있을지, 결혼은 할 수 있을지… 그렇게 살 수 있을까 싶었다. 그렇게 고통 속에서 울부짖다가 찬송가 493장이 생각나서 부르고 또 불렀다.

"하늘 가는 밝은 길이 내 앞에 있으니

슬픈 일을 많이 보고 늘 고생하여도

하늘 영광 밝음이 어둔 그늘 헤치니
예수 공로 의지하여 항상 빛을 보도다"
"내가 염려하는 일이 세상에 많은 중
속에 근심 밖에 걱정 늘 시험하여도
예수 보배로운 피 모든 것을 이기니
예수 공로 의지하여 항상 이기리로다"
특별히 3절을 부르고 또 불렀다.
"내가 천성 바라보고 가까이 왔으니
아버지의 영광 집에 나 쉬고 싶도다
나는 부족하여도 영접하실 터이니
영광 나라 계신 임금 우리 구주 예수라"
눈물에 콧물까지 흘려가며 두 손을 들고 불렀는데, 부를수록 지금은 고통스럽고 힘들지만 그 언젠가 나를 영접해주실 주님과 그 나라에서 영원히 살 것을 생각하니 참을 수 있을 것 같았고, 눈물은 흘러내리지만 마음은 천국 소망의 기쁨으로 채워지는 것을 경험했다.

그때서야 나는 깨달았다. 믿음의 선배들이 우리는 도저히 못 살 것 같은 그런 삶을 어떻게 살아냈는지, 어떻게 이겨내었는지. 그 비결은 '천국 소망'이었던 것이다. 천국은 소망할수록 더욱 갈망하게 되고 더욱 선명해지고 더욱 실재화된다는 것을 깨달았다.

작은 구름의 사인을 보여주세요

로이의 틱이 심해질 때, 나는 하나님께 '손바닥만 한 작은 구름'을 사인으로 보여주시길 간절히 간구했다. 아이가 틱을 시작할 때 부모들에게 가장 궁금하고 가장 간절한 것은, 이런 틱 증상이 1년 이내에 보통 사라지는 일과성 틱장애인지 아니면 1년 이상 계속되어 만성이 되고 '뚜렛증후군'(Tourette's Disorder. 운동 틱[근육 틱]과 음성 틱이 함께 나타나면서 전체 유병기간이 1년을 넘는 것)까지 갈만큼 심각한 것인지의 여부였다. 그래서 나는 하나님께 사인을 구했다. 그래야 버틸 수 있을 것 같았다.

"하나님, 비가 오기를 간절히 기도했던 엘리야에게 '사람의 손만 한 작은 구름'(왕상 18:44)을 사인으로 보여주셨던 것처럼 저에게도 손바닥만 한 작은 구름의 사인이라도 제발 보여주세요. 만약 로이의 틱이 만성으로 되지 않을 것이라면 제가 그것을 믿고 참을 수 있도록 보여주세요, 주님…."

그렇게 한동안 기도해왔는데 어느 날 놀라운 일이 일어났다. 매일 일과의 첫 시작은 로이가 일어나면 언제 틱을 시작하나, 오늘은 좀 좋아졌나를 확인하는 것이었는데 그날은 일어난 지 한참이 지났는데도 틱 소리가 나지 않았다. 그 상태가 계속되었다, 무려 이틀 동안!

처음에는 하나님께서 치료해주셔서 틱이 사라졌다고 생각했으나 사흘째 되던 날, 자고 일어난 로이는 다시 틱을 하기 시작했다. 그런데도 나는 감사해서 눈물이 났다. 하나님께서 나의 간절한 기도에 응답해주셔서 정말 '손바닥만 한 작은 구름'을 보여주셨던 것이었다. 하나님께서 '내 딸아, 안심하라. 이 일을 통해서 네게 행할 일이 있다'라고 말씀하시는 것 같았다.

로이의 틱이 시작된 후 틱장애, ADHD, 자폐스펙트럼, 발달장애, 지적장애 등 아픈 아이를 둔 엄마들의 네이버 카페에 가입했다. 사실 내 아이가 아프기 전에는 이런 여러 가지 장애로 아픈 아이들이 많다는 것을 알지 못했다. 카페에서 각 가정의 이야기를 읽을 때마다 먼 데서 일어나는 남 얘기가 아니라 바로 내 얘기로 공감이 되고, 얼마나 힘드실까 싶어 눈물이 났다.

그날도 여느 때와 다름없이 일찍 일어나 기도하러 작은방으로 갔다. 그래야 하루를 또 살아낼 수 있으니까.

"하나님, 우리 로이 어떻게 해요? 하나님, 불쌍히 여겨주세요. 어제는 로이가 틱 소리를 너무 많이 내서 밤에 목이 아프다고 울었어요. 그런 로이를 보면서 제 마음이 찢어질 듯이 아팠어요. 제가 대신 그 소리를 내줄 수도 없고요…. 하나님, 도와주세요. 엉엉엉"

한참을 울고 있는데, 주님의 슬픈 음성이 느껴졌다.

'너는 네 자녀 한 명 때문에도 그렇게 아프지?

나는 온 땅에 신음하고 아파하는 많은 아이들과

그 아이들로 인해 통곡하고 있는 부모들의 울음소리로

마음이 너무 아프단다.'

하나님의 그 음성을 깨닫는 순간, 나는 더욱 엉엉 울었다.

"하나님, 제가 다른 건 못 해주더라도 같이 손잡고 울어줄 수는 있어요. 하나님, 아픈 아이들과 아픈 엄마들을 제게 붙여주세요. 제가 같이 울어줄게요….'

그러고는 생각나는 찬양이 있었다.

"누가 내게 부르짖어 저들을 구원케 할까

누가 내게 부르짖어 나의 사랑을 전할까"

아버지의 애타고 절절한 마음이 느껴져서 눈물을 흘리며 부르고 또 불렀다.

"나는 이제 보기 원하네 나의 자녀들 살아나는 그 날

기쁜 찬송 소리 하늘에 웃음소리 온 땅 가득한 그 날"

틱장애 아이 엄마의 감사일기

그날 이후, 네이버 카페에 '틱장애 아이 엄마의 감사일기'라는 제목으로 글을 썼다. 아이의 상태에 따라 눈물 나기도 하고 때론 죽고 싶다고도 하고, 힘겨워하는 엄마들에게 '감사의 향기'를 흘려보내고 싶었다. 절망적인 것 같은 상황에서도 감사와 희망의 한 줄기 빛을 비춰주고 싶었다.

1. 아이가 틱을 시작하고 나서, 그동안의 내 육아를 뒤돌아볼 수 있어서 감사.

2. 자녀 양육에 교만했던 마음이 무너지고, 어쩔 수 없는 외출에 아이의 음성틱 소리로 고개가 숙여지니 감사.

3. 내년에 마흔, 지금껏 나는 부모에게 사랑한단 말 한마디 들어보지 못했지만 틱으로 고통받는 내 아이에게 "사랑해, 소중해"라는 말을 할 수 있어서 감사.

4. 아이의 틱이 시작된 후, 늦은 감은 있지만 지금이라도 뭐가 힘들었는지, 어떨 때 행복한지 아이의 마음에 관심을 갖고 들어주려고 하게 되니 감사.

5. 요즘은 밤이 있는 것이 감사. 온종일 음성틱 소리에 시달려도 밤에는 아이도 나도 쉴 수 있으니 감사.

6. 음성틱 소리가 계속해서 들리지만, 나머지 다섯 아이 중 어느 아이도 시끄럽다고 하지 않고 참아주니 감사.

7. 우리 아이 틱이 시작되지 않았다면, 이렇게 고통스러워하는 아이와 엄마들이 많다는 사실을 몰랐을 텐데 알게 된 것 감사.

8. 아이가 틱으로 힘들 텐데도 가끔씩 해맑게 웃어주는 웃음에 감사.

9. 이런 상황에 무슨 감사가 있을까 싶었지만, 그래도 감사를 찾고자
   하니 감사할 게 많은 것이 감사.

10. 비록 마음은 너무 아프고 눈물도 나지만, 그래도 감사를 노래했었
    노라고 이 시간을 추억할 날이 올 줄 믿고 감사.

나의 글에 엄마들의 댓글이 달리기 시작했다. 감사일기를 같이 써
보겠다고 하는 엄마, 힘겨워하기만 했던 자신의 모습을 반성하게
되었다는 엄마, 감사가 전염되었다며 감사하기로 결단하는 엄마,
잠 못 들었는데 따뜻한 마음으로 잠들 수 있게 되었다고 고마워
하는 엄마…. 내가 그러했듯이 그들 모두 고통과 고난 가운데에서
만 깨닫고 발견할 수 있는 '감사의 보석'을 많이 캐낼 수 있기를….

학교 대신 자연 속으로

남편은 이미 결정을 내린 것 같았다.

"여보, 우리 다시 홈스쿨로 돌아갑시다."

"비자는 어떻게 해결하고요?"

"우리가 결정을 내리면 비자는 또 다른 방법으로 해결이 되겠지.
현재로서는 이것밖엔 방법이 없어요."

"네…. 알겠어요."

코로나로 봉쇄령이 내려지고 아이들이 다니던 학교, 유치원 모든 수업이 온라인으로 전환되면서 우리 집은 다섯 아이의 온라인 수업을 '해내느라' 하루하루가 전쟁이었다.

다섯 아이의 수업을 봐줘야 했기에 남편은 계속해서 수업 자료와 숙제를 프린트해야 했고, 나 역시도 'Google classroom'에 아이들 출석 체크를 하고 과제를 올리느라 정신이 없었다.

특히, 초등학교 1학년 primary 과정에 막 들어간 로이가 학교에 가지 못하고 온라인 수업을 하느라 잘 알아듣지도 못하는 영어로 수업을 들으며 온종일 노트북 앞에 앉아 있어야 했는데, 그 무렵부터 틱이 시작되고 더욱 심해졌던 것 같다.

로이의 틱은 심해지고 우리 부부도 지쳐가던 어느 날, 가정예배를 드리기 위해서 모인 자리에서 아이들이 하소연하기 시작했다. 시작은 첫째 세이였다.

"어머니, 저는 어제 수업을 듣는데 나도 모르게 눈물이 주르륵 흘렀어요. 이 나라의 역사, 지리 같은 것뿐만 아니라 제가 생각하기에 왜 배워야 하는지도 모르는 과목들을, 하라고 하니까 하긴 하는데 이 삶을 대학 가기 전까지 살아야 된다고 생각하니 나도 모르게 눈물이 주르륵 흘렀어요."

그러자 나머지 아이들도 덩달아 자기가 힘들었던 것들을 쏟아내기 시작하는데 마음이 착잡했다. 예배 후 아이들을 재워놓고 기도를 하는데, 그동안 내 마음에서도 계속 갈등이 일어왔던 것들이 생각났다.

선교를 나올 때 첫째 세이가 9살이었는데 그전까지 우리는 아이들을 기관에 보내지 않고 홈스쿨을 했었다. 다른 거창한 이유는 없었다. "말씀으로 키워다오"라는 주님의 음성에 순종하기 위해서, 아이들의 집중력이 가장 높은 그 오전 시간에 다른 교육 대신 말씀을 암송하고 같이 묵상하며 말씀을 가르치기 위해서였다. 그런데 말레이시아에 온 후에는 비자 대책이 없었고 언어 훈련도 필요해서 아이들을 학교에 보내기로 했다.

아이들이 학교 다니는 동안에도 집에 오면 말씀을 읽고 암송하고, 말씀을 놓치지 않았지만 늘 내 마음 한편에는 홈스쿨에 대한 그리움이 있었다. 학교에서 이미 지쳐서 돌아온 아이들을 붙잡고 암송을 하는 것도 쉽지 않았고, 큰아이들과도 좀 여유롭게 함께 말씀을 보면서 말씀에 대해 이런저런 이야기도 나누고 싶었다.

그날 밤, 이런 생각들을 떠올리며 기도하고 있는데 초등학교 6학년이던 세이를 생각하니 눈물이 터지고 말았다.

'하나님, 우리 세이가 이제 6년만 있으면 성인이 되어 제 곁을 떠날지도 모르는데 제가 아직 가르치지 못한 게 너무 많아요. 신앙생활하는 것에 대해서도, 또 기도에 대해서도, 결혼하고 가정을 꾸리는 것도, 자녀들을 말씀으로 키우는 것도 아직 말하지 못한 게 너무 많아요. 그런데 이렇게 있다가 이 아이가 제 곁을 떠난다면 제가 하나님 앞에 얼마나 부끄럽고 죄송할까요?'

이 기도를 드리는 순간, 나 역시도 쉽게 결정할 수 있었다. 아무 대책도 없었지만, 틱이 심해지는 로이를 생각해서도, 내 품에 있을 시간이 얼마 남지 않은 큰아이들을 생각해서도 우리는 '홈스쿨'이라는 배로 갈아타야 했다. 홈스쿨을 결정하고 난 후, 나는 눈물을 머금으며 이런 장면을 많이 그려보았다.

'홈스쿨'이라는 배는 예수님이 선장이 되신다. 우리는 선장 되신 예수님만 믿고 배에 타고 있는 사람들이다. 선장 되신 예수님이 어디로 항해하시고 어디로 우리를 데려다주실지는 아무도 모른다. 그리고 배 바깥에 무슨 일이 벌어지고 있는지 우리는 아무것도 모른다. 우리가 할 수 있는 것은 선장 되신 예수님을 신뢰하는 것밖에 없었다.

학교에 통보하고, 우리는 온라인 수업을 던져버리고 오전 시간에 말씀 앞에 앉았다. 남편이 직접 만든 묵상노트에 그날그날 읽은 말씀들을 정리하며 그림으로도 그려보며 신나게(?) 말씀에만 집중했다. 암송해야 하는 분량을 채우고 나름대로 열심히 놀았다. 말씀 훈련만 끝나면 온종일 자유시간이었다. 코로나로 봉쇄령이 내려져서 집 밖에 나갈 수는 없었지만, 아이들은 색종이를 접고 또 접으며 무료하지 않게 그 시간을 잘 이겨나갔다.

로이만 생각해

학교를 그만두고 힘겹던 온라인 수업도 던져버렸는데 로이의 틱은 나아질 기미가 보이지 않았다. 아니, 갈수록 더욱 심해졌다.

"여보, 우리 이사를 갑시다."

"네?"

남편이 일단 집만 보고 오자고 해서 간 곳은 우리가 살았던 중심가가 아니라 멀리 떨어진 외곽의 타운하우스였다.

아이들과 내게 남편이 많이 들려준 이야기 중 하나는 초등학교 시절까지 시골에 살면서 사계절 내내 계절에 따라 친구들과 신나게 놀았던 이야기였다. 여름이면 아침에 일어나서 강에 놀러 갔다가 배고프면 집에 와서 밥 먹고 낮잠 한숨 자고, 또 강에 가서 해질 때까지 놀다 온 이야기, 수박 서리해서 먹으려다가 들켜서 혼난 이야기, 겨울이면 쌀포대를 깔고 앉아서 원 없이 실컷 눈썰매 탔던 이야기…. 끝도 없이 놀고 또 놀았던, 아주 잘 놀았던 이야기들을 들려주면서 남편은 아이들이 자연 속에서 마음껏 뛰어노는 것이 얼마나 중요한지 늘 강조했었다.

남편은 집과 환경을 보자마자 너무 마음에 들어 했다. 자기가 꿈꿔왔던 곳이라는 듯 흥분했다. 층간 소음 걱정할 필요 없는 주택에 넓은 놀이터며, 주변은 온통 산과 나무로 둘러싸여 있고, 조금만 가면 물놀이할 수 있는 계곡 같은 곳들도 있어서 아이들이 놀기엔 천국 같은 곳이었다.

남편은 보고 오자마자 이사하기로 마음을 굳힌 듯했지만, 나는 이것저것 걱정되는 일이 많았다. 외곽이기도 했고, 새로 지은 건물이라 주변에 마트라든지 식당이라든지 이용할 수 있는 시설이 없어서 차를 타고 나가지 않으면 아무것도 없는 그곳이 살기에 너무 불편할 것 같았다. 그리고 아무리 홈스쿨이라지만, 중심가에 있으면 아이들이 뭐라도 하나 배울 수 있는 교통이나 환경이 되는데 그곳으로 가면 완전히 고립되고 말 것 같았다. 마음을 정하지 못하고 오히려 남편을 설득하기 위해서 이런저런 핑계를 대고 있는데 남편이 한마디를 꺼냈다.

"여보, 다른 거 아무것도 생각하지 말고 로이만 생각해! 모든 게 불편하고 어렵더라도 로이만 생각해! 로이는 자연 속에 가서 자연에서만 누릴 수 있는 치료가 필요해."

로이만 생각하라는 남편의 말을 듣는 순간, 눈물이 왈칵 나면서 더 이상 생각할 것도 없었다. 로이만 회복될 수 있다면, 로이만 저 고통에서 벗어날 수 있다면 못 할 게 무엇이 있을까? 그래서 우리는 '라왕'(Rawang)이라는 새로운 곳으로 이사했다.

남편의 말이 맞았다. 새로 이사한 집에서 가장 많이 누리는 아이가 로이였다. 어느 날은 놀다가 비가 막 쏟아졌는데 집으로 들어올 생각도 하지 않고 비를 맞으며 비와 함께 놀고 있었다. 집 앞에 빗물이 고인 곳에 드러눕더니 뒹굴면서 마냥 기뻐하는 로이의 모습을 보는데 마음이 짠했다. 날이 어두워지면 로이와 조이가 앞장서서 동생들을 데리고 도마뱀을 잡으러 다녔다. 보통 적게는 10마리, 많게는 20마리 넘게 잡아서 영광스러운 환한 얼굴로 그 많은 도마뱀을 손에 쥐고 돌아오곤 했다.

이사 오면서 남편이 '아이들의 정서를 위해서'라는 거창한 이유로 개 한 마리를 얻어와서 내가 '해피'(happy)라는 이름을 지어줬다. 아이들은 해피가 처음 온 며칠은 온통 개 앞에만 가 있으면서 개가 몸살이 나도록 안았다 내렸다 했다. 아이들은 해피와 산책도 가고, 심심할 때면 해피 앞에 누워서 해피와 함께 시간을 보냈다.

해피는 우리 집에 오기 전에 이웃집 아저씨의 집에 잠시 머물렀는데 그 집이 자기 집이라고 생각했는지 날마다 탈출해서 도망가는 일이 다반사였다. 그래서 도망간 해피 잡아 오는 일도 아이들의 일과가 되어버렸다. 개를 목욕시키는 일도 아이들의 일이었는데, 목욕을 시킨다고 아이들이 호스로 물을 뿌려대니 개가 놀라서 도망을 치고, 도망치는 개를 잡아다가 샴푸를 묻혀 거품을 내고, 다시 호스로 물을 뿌리면서 나름 개를 진정시켜가며 목욕을 마치는 모습은 코미디 그 자체였다.

남편은 아이들이 과자를 다 먹고 비운 양철통에 나뭇가지를 넣고 불을 피운 다음 그 위에 냄비를 얹고 아이들에게 라면을 끓여줬다. 편리하고 빠른 가스레인지를 놔두고 굳이 불을 피워서 그렇게 하는 남편의 모습이 내게는 답답해 보이기도 했지만, 아이들에게는 잊을 수 없는 추억이 되었다. 그리고 부채를 부쳐가며 불이 꺼지지 않도록 겨우겨우 살려서 그 위에 끓인 라면은 가스불로 끓인 것과는 비교가 되지 않을 만큼 맛있었다.

또 남편은 로이를 데리고 계곡에 있는 물고기를 잡으러 다녔다. 그렇게 잡아 온 물고기를 손질해서 작은 것은 튀김가루 입혀서 튀겨 먹고 큰 것은 소금 뿌려 구워 먹기도 했다.

그렇게 자연 속에서 놀고 또 노는 시간을 보내다가 어느 날 문득 깨닫게 되었다. 로이의 음성틱 소리가 거의 들리지 않는다는 것을! 주님의 은혜, 주님의 만지심, 주님으로부터의 회복이었다. 그 이후로 "음, 음" 하면서 크게 반복적으로 내었던 음성틱 소리는 사라졌다.

다만 아이가 스트레스를 받거나 마음이 불안할 때면 코를 쿵쿵거리는 틱은 약간 남아 있는 상태다. 다 나은 줄 알았던 틱 소리가 가끔 심해질 때면 나는 또 주님 앞에서 운다.

"하나님, 우리 로이 안에 또 무슨 문제가 생겼나요? 하나님, 우리 로이 좀 한번 살펴봐 주세요. 로이를 불쌍히 여겨주세요…."

사랑으로 안아주세요

로이의 틱이 시작되면서, 틱장애 아이를 둔 엄마들 카페에 들어가서 글들을 읽고 있노라면 안타까운 마음이 들 때가 많았다. 약물 복용이 나쁘거나 불필요하다는 것은 아니지만, 아이의 증상만 빨리 개선하고 싶은 마음에 약물에만 의존하는 가정들을 볼 때는 마음이 아팠다.

'왜 우리 아이에게 이런 일이 생겼나?' 하며 얼마나 마음이 찢어질 듯이 아프고 온 가족이 힘겨울지, 경험해본 사람들은 다 안다. 그래도 너무 고통스럽지만, 우리에게는 아이와 나를 돌아보는 시간이 꼭 필요하다고 말해주고 싶다. 겉으로 드러나는 아이의 문제를 통해서, 아이의 마음이 어떤지 들여다볼 여유와 용기가 필요하다. 그리고 아프지만, 나의 육아를 돌아보며 뜨거운 눈물로 변화를 위해 몸부림치는 것도 필요하다.

언젠가 〈새롭게 하소서〉라는 간증 프로그램에 개그맨 김 진씨가 출연해서 틱장애로 만난 하나님에 관해 간증하는 것을 보았는데, 그때 이런 부탁을 하셨다.

"아이가 틱을 하면 그냥 꼭 껴안고 사랑한다고 말해주세요."

그 말에 크게 공감이 되었다. 약물 복용이 필요하다 하더라도, 아이들에게는 '사랑의 약'도 꼭 필요하다는 것을 잊지 않았으면 좋겠다. 부모가 따뜻이 안아주고, 사랑한다 말하며 부드러운 손길로 쓰다듬어주고, 너를 있는 그대로 사랑한다는 마음을 담아 밝게 미소 지어준다면, 아이의 마음에는 환한 햇살이 비쳐올 것이다. 그리고 그런 따뜻한 사랑의 표현은 우리가 예상도 할 수 없는 강력한 치유의 힘이 되어줄 거라고 나는 믿는다.

보물찾기

막둥이들의 성화에 못 이겨, 유모차에 물놀이용품을 한가득 싣고 계곡으로 향하고 있었다. 유난히 더운 날씨에 땀을 뻘뻘 흘리며 유모차를 끌고 가고 있는데, 생뚱맞은(?) 주님의 음성이 마음속에서 들려왔다.

'미나야, 너 나랑 보물찾기하자.'

갑자기 웬 보물찾기를 하자고 하시나? 이건 무슨 말씀이신가 어리둥절해 하고 있는데 연이어 주님의 음성이 더 들려왔다.

'미나야,

내가 네 여섯 아이들 한 명 한 명에게 보물을 숨겨 놓았단다.

어떤 보물을 숨겨 놓았는지 잘 찾아보렴.

보물을 찾기 위해서 두 가지 조건이 있단다.

첫째, 내가 소중한 보물을 정말로 숨겨 놓았다는 것을 믿어야 해.

둘째, 네 안에 있는, 네가 생각하는 보물의 우상을 무너뜨려야

내가 숨긴 보물을 찾을 수 있단다.'

생각지도 못했던 갑작스러운 주님의 음성에 나는 눈물을 흘리며 유모차를 끌고 갔다. 그러면서 주님께서 내 마음을 다 보고 계셨구나 싶어서 부끄럽고 죄송한 마음이 들었다. 그 당시 나는 무지한 홈스쿨러 엄마를 둔 우리 아이들의 미래가 걱정되기도 했고, '그래도 어느 정도의 대학과 어느 정도의 직장'이라는 기준이 나를 힘들게 하고 있었다. 그런데 주님께서 그것이 우상이라고 말씀하시니 하나님 앞에서 눈물로 회개하며 매달리는 수밖에 없었다.

울고 또 울면서, 아이들이 좋은 대학과 좋은 직장에 들어가서 내가 사람들로부터 받고 싶은 '칭찬'이라는 우상을 무너뜨리고, 또 그렇지 못했을 때의 두려움도 씻어버렸다. 눈물을 통해서, 내 안에 자리잡고 있던 우상의 찌꺼기들이 벗겨지고, 하나님께서 우리 아이들을 바라보시는 믿음의 눈으로 조금씩 변화되고 있었다. 그러면서

한 장면을 떠올리게 되었다.

평범한 대학에 평범한 직장을 다니는 한 남자.
교회에서 목사님의 마음을 시원케 하는 든든한 일꾼이요,
예배마다 뜨겁게 주님을 갈망하는 예배자요,
그의 가정은 하하호호 웃음꽃이 피고,
그와 아내는 서로 따스한 눈빛과 손길로 사랑하고,
그의 자녀들은 말씀을 먹으며 믿음 안에서 부모의 사랑으로 바르게
자라고,
그의 온 가족은 저녁마다 모여 뜨겁게 예배를 드리고,
힘들고 어려울 때는 가정예배 가운데서 온 가족이 눈물로 주님의 도움
을 구하고….

이 장면을 떠올리니 정말 중요한 게 무엇인지 눈이 떠지는 것 같
았다. 첫째 세이는 언제부턴가 자신의 꿈은 '좋은 아버지'가 되는
것이라고 말하곤 했다. 아버지로서 자녀들을 말씀으로, 신앙으로
잘 양육하는 것이 중요하다고 가르치긴 했지만 그게 이 아이의 꿈
이 될 줄이야. 그래서 세이는 자기가 좋은 아버지가 되어 아이들과
많이 놀아줘야 하는데 의사, 변호사 이런 일들은 그러기 힘들 것 같
으니 자신과 맞지 않는다고 했다.

그러면 남편은 맞장구를 치며 "네 말이 맞다" 하고, 둘이 함께 웃으며 말하는데 그 모습이 나는 불편했다. 세이가 열심히 공부해서 그런 일을 할 수만 있다면 하는 것도 좋겠는데, 자기 능력이 부족해서라고 말하지 않고 '좋은 아버지'의 꿈을 이룰 수 없기에 안 한다고 하는 모습이 썩 좋아 보이지 않았기 때문이다.

그랬던 세이가 구체적으로 꿈을 꾸며, 실제적인 자료들을 수집, 정리하기 시작했다.

"어머니, 저는 나중에 아이들을 낳으면 암송은 '303비전성경암송노트'로 할 거예요."

"아버지, 아버지가 만드셔서 우리가 하고 있는 '묵상노트', '통으로 읽는 맥체인 성경읽기' 파일 다 가지고 계시죠? 저한테 다 물려주실 수 있죠?"

"당연하지. 다 줄 수 있어!"

남편은 신난다는 듯이 대답했다. 그런데 이 모습을 보는데 눈물이 났다. 세이의 꿈이 맞다. 세이의 꿈이 옳다. 그것이 하나님이 기뻐하시는 꿈일 터다.

'세이야, 좋은 아버지가 되어 너의 아들과 딸들에게 예수 그리스도의 복음을 꼭 전해다오. 어머니, 아버지의 신앙이 너와 네 자녀에게 계속해서 전수될 수 있으면 그것으로 족하단다. 내 안의 우상을 아직도 깨뜨리지 못하고 너의 꿈을 지지하지 못했던 어머니를 이해

해다오.'

  하나님의 '보물찾기' 제안을 받고 눈물로 기도하며 내 안의 우상
들을 무너뜨리기 시작하자, 그전에는 보이지 않았던 아이들의 모습
이 눈에 들어오기 시작했다.

  어느 날, 조이가 고무밴드를 찾았다.

  "어머니, 고무밴드 없어요?"

  "그건 왜?"

  "좀 필요해서요."

  "싱크대 서랍 맨 아래 칸에 있을 거야, 찾아봐."

  "네!"

  고무밴드를 찾아 들고 간 지 얼마 되지 않아 "사세요~ 사세요~"
하는 소리가 들렸다. 뭔가 싶어서 가보니 조이가 테이블에 물건을
놓고 형과 동생들을 상대로 장사를 하고 있었다. 그런데 왜 고무밴
드가 필요했는지를 보는 순간, 나는 감탄하고 말았다. 주일학교에
서 간식이나 선물로 받았던 사탕과 초콜릿을 안 먹고 모아뒀다가
사탕 5개, 초콜릿 3개, 이런 식으로 고무밴드로 묶어서 1링깃, 3링
깃, 5링깃에 팔고 있었다. 수량을 맞춰서 고무밴드로 묶어서 적정
가격을 매기고 가족들에게 사라고 하는 모습에 저런 장사수완은
어디서 나왔나 싶어 입이 쩍 벌어졌다.

동생들은 맛있는 간식이 눈앞에 있으니 앞다투어 지갑을 들고 와서 사기 시작했다. 돈이 모자라면 나한테 와서 꼭 사야 한다고 돈을 달라고 하기까지 했다. 사탕, 초콜릿뿐만 아니라 장난감이나 문구류도 받아서 자기가 쓰지 않고 두었다가 팔기도 했다.

그러고 보니 조이는 '돈'에 대해서 좀 특별했던 것 같다. 말레이시아 학교는 한국처럼 급식이 없어서 도시락을 싸 가거나 학교 구내식당에서 사 먹어야 했는데 도시락 5개 싸는 게 너무 힘들었을 때 나는 첫째부터 셋째까지 사 먹을 줄 아는 큰아이들에게 일주일치 점심 식사비를 주며 사 먹도록 했다. 세이와 태이는 거의 매번 받은 돈을 그 일주일 안에 다 사 먹곤 했는데, 조이는 그 점심값에서 항상 돈을 모았다. 그러면서 어느 날 나에게 이런 말을 했다.

"어머니, 저는 금요일만 제가 먹고 싶은 걸 먹는 날로 정했어요. 나머지 월요일부터 목요일까지는 제일 싼 로띠 차나이(Roti Canai. 밀가루 반죽을 넓게 펴서 구운 납작한 빵을 커리 소스에 찍어먹는 말레이시아식 인도 요리)만 먹어요."

조이는 이렇게 학교에서 로띠 차나이로 점심을 때우고, 집에 돌아와서는 간식이라고 하기엔 엄청난 양의 제2의 점심식사를 하면서 돈을 모았던 것이다. 다른 맛있는 것도 먹고 싶었을 텐데 돈을 모으려고 그것을 꾹 참고 금요일만 그런 자기에게 보상하듯 먹고 싶은 것을 먹는다는 말에 놀라울 뿐이었다.

어느 날은 아이들과 물놀이하러 계곡에 갔는데, 조이는 물고기를 잡겠다며 낚싯줄과 밑밥용 식빵을 들고 왔다. 그런데 조이가 물고기를 잡겠다는 의지 하나로 그 뜨거운 오후 땡볕에 계곡 한가운데에서 움직이지도 않고 1시간 정도 가만히 서 있었다. 목이 너무 뜨거운지 옷으로 목을 가리려고 하는 조이를 보는 순간, 나는 눈물이 핑 돌았다. 회개의 눈물이었다.

'하나님, 제가 조이의 엄마지만 저는 우리 조이를 잘 몰랐습니다. 조이가 물고기를 잡겠다고 1시간째 저러고 있는데, 저는 조이에게 저런 끈기가 있는지 몰랐습니다. 늘 대충대충 한다고 잔소리하고, 끝까지 제대로 하는 게 없다고 비난하고 한숨 쉬었는데 주님, 죄송합니다. 주님께서 조이에게 어떤 보물을 숨겨두셨는지 보지도 못하고, 아니, 볼 생각도 하지 않고 그냥 제 눈에 보이는 대로 평가하고 생각했던 저의 무지함을 용서해주세요.'

그 이후로 '보물찾기'의 임무를 맡은 신실한 청지기가 되기 위해, 틈나는 대로 아이들에게 어떤 보물이 있나 관찰하기 시작했다. 그리고 지금까지는 내가 아이들을 바라볼 때, 의도하지는 않았지만 아이들의 단점과 고칠 점들이 눈에 많이 들어왔는데 "아이들 안에 진짜 보물을 숨겨두었으니 찾아보라" 하시니까 그 보물을 찾기 위해 내 눈이 크게 뜨이고 관점이 바뀌었다는 것이 참 감사했다.

어느 날, 셋째 태이가 "어머니, 유튜브 보고 데스런운동 해도 돼요?"라고 물었다. 남편이 가끔 유튜브에 들어가서 운동 따라 하는 것을 보더니 자기도 하고 싶었던 모양이다. 그러고 보니 태이는 남편이 운동할 때면 꼭 와서 같이 따라 하곤 했다. 그리고 아무도 시키지도 않았지만, 유튜브 해도 되냐고 물어보고는 운동 채널을 틀어놓고 땀을 뻘뻘 흘리며 따라 하곤 했다. 어른인 나도 늘 '운동해야지' 다짐만 하지 잘 하지 않게 되는데, 태이는 왜 저렇게 시키지도 않은 운동을 스스로 할려고 할까?

'하나님, 태이의 보물은 운동인가요?'

늘 그렇듯이 그날도 "로이야, 암송하자!" 하고 로이를 불러 앉히고는 암송을 하려고 하는데 로이가 이렇게 말했다.

"어머니, 저는 교회에 사람 많은 데서 하나님 찬양하는 노래를 부르고 싶어요."

"우와, 멋지겠는데? 우리 로이는 찬양 사역자가 되려나?"

그러면서 로이를 지켜보니, 암송한 말씀을 가지고 음을 붙여서 찬양을 만들기도 하고 어느 날은 큰 소리로 한참 동안 자기가 즉흥적으로 만든 찬양을 부르곤 했다. 어떤 날은 '도레미'도 모르고 피아노를 배워본 적도 없는 아이가 피아노 앞에 앉아서 치기 시작하는데 듣기에도 아름답고 영감이 느껴져서 영상으로 찍어 놓기도 했다.

다섯째 예이는 언어에 남다른 감각이 있는 것 같았다. 내가 말레이이어를 배울 때, 어린 예이가 옆에서 듣고 물어보기에 기본 구조를 가르쳐주었더니 그에 맞춰서 응용해내는 걸 보고 깜짝 놀랐던 적이 있다. 영어 듣기 훈련을 위해 한 인터넷 사이트에서 매일 영어 동화를 보고 있는데, 예이가 그 억양과 문장을 기억해두었다가 그대로 따라 하는 모습이 놀랍기도 했다.

하나님께서 내게 말씀해주신 '보물찾기'가, 때로는 아이들의 모습에서 낙심되고 절망스러운 순간에도 다시금 믿음의 눈을 열어 보물을 찾고자 애쓰는 나의 자녀 양육이 되게 하심에 감사할 뿐이다. 지금 이 글을 읽고 있는 당신에게도, 동일하게 말씀하시는 주님의 음성이 꼭 들려오길 기도한다.

'사랑하는 내 딸아, 사랑하는 내 아들아,
네 자녀들 안에 내가 숨겨 놓은 보물을 찾아보렴.'

보라 새것이 되었도다

'짐을 싸서 떠나야겠다. 내가 아이들 곁에 없는 것이 더 아이들을

위한 것일지도 몰라.'

아이들이 다 잠든 시간, 나는 눈물을 흘리며 이런 생각을 하고 있었다. 때론 어리석기 짝이 없는 수만 가지의 생각이 오고 간다. 아이들을 키우면서 가장 마음 아프고 힘들 때는 아이들에게 나의 밑바닥 모습을 보일 때, 그리고 회개하고 용서를 구했지만 아이들에게서 나의 죄 된 모습들이 보일 때였다. '나 때문이야'라는 생각이 가시처럼 내 마음을 찌르는 것 같아 고통스러웠다.

그날은 온종일 감당할 수 없을 정도로 아이들이 난리였다. 아이들에게서 온갖 짜증과 화, 서로를 향한 비난과 다툼이 끊이질 않았다. 훈계도 먹히지 않는 것 같았다. 폭발할 것 같은 분노가 치밀어 올랐다가, 이내 마음 깊이 드는 자괴감에 먹먹했다가…. 나도 마음을 지켜내기가 너무 힘들었다. 언제부터인가 이렇게 마음이 힘들 때면 노트를 펴서 글을 쓰기 시작했는데, 그날 내가 썼던 글이다.

주님, 아이들이 너무 싸웁니다.

남편과 저는 한다고 하는데 자꾸만 실망과 절망이 쌓여가니 아이가 많아 힘든 것이 더욱 버겁습니다. 주님, 아이들이 이 정도까지는 아니었던 것 같은데 제가 홈스쿨을 해서 그런 것 같습니다. 제가 아이들을 망쳐놓은 것 같습니다….

주님, 어찌해야 합니까?

주님, 무엇이 잘못되었습니까? 뭘 더 어떻게 해야 할까요?

주님, 감당할 만하게 하옵소서. 너무 막막하고 너무 절망스러워 놓아

버릴까 봐, 자포자기할까 봐 두렵습니다.

주님, 청지기들의 애환을 헤아려주십시오.

주님, 쓰라린 채찍도 달게 맞겠습니다.

부디 알아듣게 가르쳐주시고 의의 길로 인도하여 주옵시고,

우리 가정을 내버려 두지 마시고 구원하여주옵소서.

주님, 제 마음이 보이십니까? 제 눈물이 보이십니까?

안되는데도 발버둥 치며 애를 쓰는 제가 보이십니까?

우리를 불쌍히 여겨주시옵소서….

주님, 꽃과 같이 키워드려야 하는데 가시같이 키워서 죄송합니다.

그러나 아이들의 모습을 신뢰하지 않겠습니다. 상황을 신뢰하지 않겠

습니다. 오직 하나님의 선하심만 신뢰하겠습니다. 우리로 하여금 이러

한 삶을 살게 하셨을 때, 하나님의 심중에 품으셨을 선하신 계획을 신

뢰하겠습니다.

노트 위에 눈물이 뚝뚝 떨어졌다. 그렇게 기도조차 나오지 않을 때는 다윗의 시편처럼 글로 기도를 적으며 내 마음을 달래고 생각을 지키며 견디고 버텼다.

'이제는 성숙했나 보다', '고린도전서 13장의 말씀처럼 이제는 말하고 깨닫고 생각하는 것이 어린아이와 같은 모습에서 벗어나 장성한 사람이 되었나 보다' 싶을 때, 사단은 그런 나를 가만둘 리가 없었다. 아주 작은 불편한 생각 하나가 내 안에 들어왔는데 나는 그것을 끊어버리지 못하고 품고 있다가 아이들에게 분노를 쏟아놓고 말았다. 바로 회개하지 못하고, 아이들에게 계속해서 화를 내며 '못된 엄마, 나쁜 엄마'로 하루를 보냈다. 아이들이 다 잠든 후, 나는 작은방에 들어가서 기도하기 시작했다.

'하나님, 저는 왜 이 모양입니까? 저는 왜 이렇습니까? 내일 또 어떻게 아이들 앞에 얼굴을 들고 하루를 살아갈 수 있을까요? 주님, 너무 괴롭습니다. 주님, 제가 잘못했습니다. 용서해주세요….'

엉엉 울며 나의 못남과 죄를 놓고 회개하기 시작했다. 다른 사람들은 어떤지 모르겠지만, 나에게 가장 행복한 기도는 '회개' 기도이다. 죄로 인해 괴로운 마음을 성령께서 하나님 앞에 솔직하고 진실하게 다 고백하게 하실 때 가장 내 영이 기뻤다. 진심으로 뉘우침이 있는 그 눈물을 하나님께서 외면치 않으시고 받아주시리라 믿었기 때문이다. 그리고 깊이 회개하고 나서 느껴지는 하나님과의 그 친밀함이 또 내 영을 춤추게 하는 것 같았다. 그렇게 한참을 울었는데, 하나님께서 한 말씀을 생각나게 해주셨다.

그런즉 누구든지 그리스도 안에 있으면 새로운 피조물이라
이전 것은 지나갔으니 보라 새것이 되었도다 고후 5:17

이 말씀을 울면서 반복해서 읊조리다가, "새것이 되었도다"라는 말씀이 너무너무 갈망이 되어서 말씀을 꼭 붙잡는 심정으로 말씀이 허공에 떠 있기라도 한 것처럼 두 손으로 꼭 잡았다. 엉엉 울면서 그 보이지도 않는 말씀을 두 손으로 꼭 붙잡고 한참을 있었다. 그러고는 어린아이처럼 하나님께 두 손을 비비면서 "하나님, 저 새것이 되게 해주세요"라며 울부짖었다. 그리고 하나님께 이 말씀을 믿는다고, 이 말씀을 꼭 붙잡고 다시금 일어선다고 말씀드렸다.

27세에 첫째를 낳고 그후 십여 년 동안 '부끄러운 엄마'로 살 수가 없어 하나님 앞에 정말로 많이 울었다. 울고 회개하고, 또 울고 회개하면서 때로는 아무런 변화도 없다고 낙심될 때가 한두 번이 아니었지만 어느덧 나는 깨닫게 되었다. 그 수많은 눈물의 기도 속에서 아주 조금씩, 또 아주 조금씩 내가 변화되고 있다는 것을.

하나님 앞에서 우는 눈물의 힘

늘 그런 것은 아니지만, 분노가 단순히 감정적인 부분이 아니라 영적인 측면도 있다는 것에 눈이 뜨였다. 사탄의 수가 보였다. 이를 통해 나를 넘어뜨리려는 수가 보일 때는 "네 계략이 다 드러났으니, 예수 이름으로 내게서 떠나갈지어다!"라고 대적하며 물리쳤다.

얼마 전에도, 아이들을 돌보는 것이 버겁고 아이들과 남편에게 계속 짜증을 내게 되고 마음속에서 악한 생각들이 올라와서 참는 것이 힘이 들었다. 더 이상 참을 수 없을 때, 큰방에 주저앉아 선포하며 기도하기 시작했다.

"내가 그리스도와 함께 십자가에 못 박혔나니 그런즉 이제는 내가 사는 것이 아니요 오직 내 안에 그리스도께서 사시는 것이라. 이제 내가 육체 가운데 사는 것은 나를 사랑하사 나를 위하여 자기 자신을 버리신 하나님의 아들을 믿는 믿음 안에서 사는 것이라. 갈라디아서 2장 20절 말씀, 아멘!"

"나를 넘어뜨리려는 사탄아, 예수 이름으로 명하노니 내게서 떠나가라! 내 안에 분노의 영, 미움의 영아! 예수 이름으로 내게서 떠나가라!"

"주님, 한 알의 밀알로 이 가정에서 제가 죽어지게 해주시옵소서! 나는 죽고 예수로 사는 삶을 살아내게 해주시옵소서! 주님, 도와주시옵소서!"

남편도, 아이들도 다 있었지만 그런 것을 생각할 여유도 없었다. 그저 큰 소리로 울부짖으며 기도했다. 어떻게 보면, 죄와 피 흘리기까지 싸운다는 것은 결코 고상해 보이거나 저절로 되는 것은 아닌 것 같다. 그야말로 피비린내 나는 처절한 몸부림이다. 사탄에게 칼 한 번 빼어보지 못하고 속아서 당하기만 했던 그 많은 시간 속에서 울고 회개하고를 반복하며 이제는 칼을 빼서 싸워볼 마음이 생긴 것이다. 그리고 셀 수 없을 만큼 많은 용서를 받고 또 받고 보니 내 사랑하는 예수님께 그런 모습을 보여드리기가 싫어졌다.

엄마가 그렇게 울면서 소리치면서 기도가 끝나고 눈물을 닦고 있으니 아이들이 하나둘 몰려왔다. 아이들에게 뽀뽀해주며 "사랑스러운 우리 로이, 얼마나 이쁜지…", "우리 이쁜이 예이야, 사랑해", "우리 제이, 사랑해!" 하고 얼굴을 비비고 안아주었다. 그러고는 아무 일 없었다는 듯이 장난감으로 놀이를 했다.

혹시 나와 같은 '부끄러운 엄마'의 모습으로 인해 울고 있는 엄마들이 있는가? 도무지 변화되지 않는 것 같은 자신의 모습으로 신음하는 부모들이 있는가? 하나님 앞에서 우는 눈물은 힘이 있다. 그것은 내 안의 모든 악함을 씻어내는 눈물이요, 주님의 도우심이 없이는 아무것도 할 수 없다는 항복의 눈물이요, 주님께 해답이 있다는 인정의 눈물이다.

이 땅의 모든 바보 엄마들에게 큰소리로 외치고 싶다. 자신의 무능력과 밑바닥의 모습으로 눈물이 날 때, 우리는 하나님 앞에서 울어야 한다. 하나님의 이름을 부르며 울어야 한다. 하나님과 함께 울어야 한다. 그럴 때 하나님께서 그 울음을 능력으로 변화시키시는 것을 경험할 수 있다.

우리에게 있는 대제사장은 우리의 연약함을 동정하지 못하실 이가 아니요 모든 일에 우리와 똑같이 시험을 받으신 이로되 죄는 없으시니라 그러므로 우리는 긍휼하심을 받고 때를 따라 돕는 은혜를 얻기 위하여 은혜의 보좌 앞에 담대히 나아갈 것이니라 히 4:15,16

더욱 뜨겁게 사랑하기

탁월한 유머 감각으로 만날 때마다 나를 웃게 해주었던 그.

하나님에 대한 신앙적인 이야기를 그 누구보다 깊게 많이 할 수 있도록 말이 잘 통했던 그.

손재주와 예술 감각도 뛰어나서 나뭇잎으로 귀걸이를 만들어 내 귀에 걸어주었던 그.

12세에 일찍 아버지를 잃어서 늘 아빠에 대한 그리움이 있었던 나를 때로는 아빠처럼 따뜻이 품어주었던 그.

대학원 시험을 준비할 때 지하철이 끊어진 시간에도 늦게까지 공부할 수 있도록 매일같이 밤늦은 시간에 학교까지 나를 데리러 와서는 자신의 오토바이로 태워다주었던 그.

공주 같은 외모는 1도 없는 나를 '미나공주'라고 불러주었던 그.

그랬던 '그'는 나와 결혼을 해서 남편이 되었고, 우리는 쉴 새 없이 여섯 아이를 낳고 입양하고를 반복하며 아이들을 키워왔다. 그런데 때론 전투같이 치열하게 키워내야 했던 극한 육아 속에서 나도 모르게 '그'와의 사랑의 끈을 조금씩 놓고 있었나 보다.

남편 말에 의하면, 자기는 귀여운 자매가 이상형이었는데 내가 딱 그랬다고 한다. 그런데 애교도 많고 귀엽기까지 했던 그녀가 아이를 낳고, 그것도 아이를 많이 낳고 나니 아무 감흥이 없는 돌 같은 여자가 되었다는 것이다.

나도 내가 왜 그렇게 되었는지 모르겠는데, 손재주 많은 남편이 이것도 뚝딱 만들고 저것도 뚝딱 만들어 내면 남들은 다 놀라면서 어떻게 만들었냐고 남편을 칭찬했지만, 남편이 만든 작품들을 나에게 내밀었을 때 나는 그저, 그것도 억지로 좀 애를 써서 "멋지네요, 잘 만들었네요" 할 뿐이었다.

그런데 감흥을 못 느끼는 것은 아이들도 때로는 힘들어했다.

"어머니는 왜 아무 감동이 없으셔요?"

"글쎄, 나도 잘 모르겠네. 내가 왜 이렇게 되었는지."

나조차도 내가 참 너무하다는 생각이 든 적이 있다. 남편이 아플 때였다. 남편이 아프면 얼마나 아플까 싶어서 걱정되어야 할 텐데 내 머릿속에서 자동적으로 떠오르는 생각은 '같이하는 일꾼이 아프면 안 되는데, 그러면 내가 다 해야 하는데…. 나 혼자 다 어떻게 하지?'였다.

어느 날은 남편과의 사랑의 거리가 조금씩 벌어지고, 마음을 나누는 깊은 대화도 별로 없는 것 같다는 생각이 들면서 조금은 서글 퍼졌다. 남편은 '식물 키우기'가 취미였는데, 과일을 먹고 남은 씨앗을 심어서 키워내곤 했다. 망고 먹고 나서 망고 씨를 심고, 두리안 먹고 나서 두리안 씨앗을 심고, 파파야를 먹고 나서 파파야 씨앗을 심는 식이었다. 아무튼 그렇게 심은 씨앗에 물을 주고 돌보면서 신 기하게 잘 키워냈다. 시간이 날 때면 자기가 키운 식물들을 들여다 보는 게 나름 남편의 힐링타임이었는데, 어느 날은 그런 남편을 보면서 그 식물들이 부럽기도 했다.

'나도 한 번 봐주지. 지금 내 아내의 마음이 어떤지, 내 아내는 무슨 생각을 하며 사는지, 내 아내에게는 무슨 고민이 있는지, 무슨 어려움이 있는지….'

이렇게는 안 되겠다 싶어서 남편에게 한 가지 제안을 했다.

"여보, 일주일에 한 번은 부부의 날로 정해서 2시간 정도만이라도 같이 차 마시면서 이야기도 하는 것은 어때요?"

남편은 감사하게도 늘 나의 제안을 흔쾌히 허락해준다. 그래서 매주 월요일 오후 2시부터 4시를 '부부의 날'로 정해서 큰아이들이 동생들을 좀 돌보게 하고 2시간 정도는 부부의 시간을 가지면서 이런저런 이야기들을 나누며 평소에 하지 못한 깊은 대화들을 할 수 있었다.

그렇게 좀 회복이 된 것 같았던 부부 사이가 한국에 오고 나서 다시 한번 위기를 맞게 되었다. 남편은 책상에서 작업하다가 힘들 때면 좀 눕기도 해야 한다면서, 당근마켓에서 중고로 침대를 구해 와서 책상 옆에 두었다. 그러면서 남편은 남편 방에서 혼자 자고, 나는 큰방에서 막둥이들과 함께 자는 날이 많아졌다.

어느 날, 내가 아무리 감흥이 없어도 나도 여자이고 아내인데 남편에게 사랑받고 있다는 느낌이 없는 것 같아 마음이 힘들어졌다. 그래서 속상한 마음을 남편에게 쏟아놓았는데 뜻밖에도 남편 역시 지금까지 나에 대해서 불만이었고 힘들었던 것을 이야기하기 시작했다.

"내가 당신한테 조금씩이라도 운동해야 한다고 몇 번이나 계속해서 말했지만, 당신은 이런저런 핑계를 대면서 내 말을 듣지 않았지. 그리고 힘들면 좀 내려놓으라고, 그래도 된다고 했지만 당신은 당신 생각대로 무리하게 할 때도 많았지. 그래서 체력이 감당이 안

되면 또 쓰러지고…. 그럴 때마다 내가 얼마나 자괴감을 느꼈는지 알아? 내가 가장으로서 잘못 이끌어 가고 있구나, 이 역할을 잘 감당하지 못하고 있구나, 하고…."

"……."

"그리고 당신은 사랑을 못 느끼겠다고 하지만, 나는 그래도 나 나름대로 아침에 일어나면 당신에게 잘 잤냐고 어깨를 두드려주고 하는데, 그럴 때 당신도 '잘 잤어요?' 하고 같이 안아준다든지 하면 좋을 텐데 당신은 애들이 깨기 전에 성경을 읽어야 하고 마무리를 해야 하니까 그런 나를 소 닭 쳐다보듯 할 때도 많지 않았어?"

남편의 말이 다 옳았다. 다른 변명을 할 수 없었다. 남편이 나를 사랑해주기만을 바랐지, 나도 남편을 사랑하기 위해 애쓰지 못했다. 나는 그래도 지금까지 남편에게 순종하며 살아왔다고 생각했지만, 남편이 느꼈을 '불순종'에 대해서도 반성하게 되었다.

서로 자기 잘못을 인정하고, 그렇다면 이런 상황에서 우리는 무엇을 먼저 시작할 수 있을지 의견을 나누었다.

첫째, 큰방에서 부부가 함께 자는 것.

둘째, 매일 아침에 일어나서 서로 안아주면서 뽀뽀해주고 "사랑해요"라고 사랑을 표현해주는 것. 흐지부지될 수 있으니, 월·수·금·주일은 남편이 책임지고 먼저 안아주고, 화·목·토는 아내인 내가 먼저 안아주면서 사랑을 표현하기로 했다.

잊고 있던 또 하나의 사명

그다음 날, 교회 기도회에 가서 기도를 하는데 눈물이 쏟아졌다. 1년 전부터인가 남편이 아랫배에 통증이 있다고 힘들어하고 걱정을 했었다. 혹시나 해서 말레이시아에서도, 한국에 와서도 검사를 해보았지만 검사 상으로는 이상 소견이 발견되지 않았다. 그런데도 남편은 아랫배가 아프다고 했다. 그런데 그날 기도하는데 하나님께서 남편의 아랫배 통증이 나와 관련이 있다고 말씀하시는 것 같았다.

'왜 나 때문이에요?'라는 반문 대신 오열과 회개만 쏟아져 나왔다. 남편이 가끔 자기 십자가가 '나'라고 말한 적이 있었는데 웃으며 넘겼던 그때도 생각이 났다. 지금껏 남편이 나의 미성숙함과 모남을 많이 인내해주고 참아준 것은 인정하고 있었지만, 남편 입장에서 내 모습을 보고 헤아려보진 못했다.

하나님께서 지난날 내가 남편에게 잘못한 것들을 다 보여주시는데 그것을 보고는 엉엉 울면서 주님 앞에 회개했다.

"하나님, 제가 잘못했어요. 하나님, 제가 죄인입니다. 제가 남편을 아프게 했어요. 하나님, 용서해주세요…."

한참을 회개하고 나니, 따뜻하고 부드러운 주님의 음성이 내 마음에 들려왔다.

'사랑하는 내 딸아,

너는 너의 그 여섯 아이를 말씀으로 믿음으로 키우는 것이

내가 네게 준 사명이라고 늘 고백했었지.

그런데 네가 잊고 있었던 또 다른 사명이 있단다.

그것은 네 남편을 평생 더욱 뜨겁게 사랑하는 것이란다.'

우리 부부가 하나 되어 더욱 뜨겁게 사랑하는 것이 또 다른 사명이라고 말씀하시는데 더욱 눈물이 났다. 그러면서 때로는 밉고 서운했던 남편이 갑자기 보고 싶고, 주님 말씀처럼 다시 연애할 때처럼 뜨겁게 사랑하고 싶은 마음이 솟아났다.

내가 사랑하고 의지할 수밖에 없는 우리 주님! 명령을 주신 다음에는 그 명령을 지킬 수 있는 마음까지 주시는 분이시다! 식어버리고 말라버린 마음에 새 마음을 불어넣어 주시는 그분은 참으로 창조자이시다!

그날 이후, 남편을 보니 비록 지금은 20년 전 같은 풋풋함은 없고 주름에 흰머리가 있지만 그래도 이리 봐도 저리 봐도 내게 주신 최고의 남편이다. 연약한 죄인인지라 소소한 갈등이 있을 때도 있지만, 하나님께서 새로운 사명으로 내게 주신 말씀은 잊어버리지 않고 어떻게 하면 남편과 더욱 뜨겁게 사랑하다 주님 앞에 갈 수 있을까 고민하게 되었다.

그리고 우리 부부가 서로 뜨겁게 사랑하는 것을 통해 하나님께서 이루실 일들이 있다고, 우리가 뜨겁게 사랑하는 것을 통해 선한 영향력을 끼칠 일들이 있다고 말씀해주시는 것 같았다.

언젠가 한 선교사님께서 이런 말씀을 해주신 적이 있었다.

"오늘 제가 자녀들에게 매일 30만 원짜리 선물을 주는 비법을 알려드리겠습니다. 바로 엄마와 아빠가 서로 안으며 사랑하는 모습을 보여주는 것입니다. 그것이 자녀들에게는 30만 원짜리 선물을 안겨주는 것과 같습니다."

CHAPTER

2

나를 변화시키는
눈물의 능력

영혼으로 바라보아라

어느 날, 육아에 지친 몸으로 어깨를 축 늘어뜨리고 아이들이 노는 것을 힘없이 지켜보고 있었다. 싸우지 않고 사이좋게 노는 것만으로 무한 감사라고 생각하며 나름 휴식을 취하고 있는데 생각지도 않았던 성령님의 음성이 내 안에서 들려왔다.

'미나야,
저 아이들을 겉모습으로 보지 말고 영혼으로 바라보아라.
예수님을 믿지 않으면 저 지옥으로 떨어질 수밖에 없는,
말씀이 없으면 어떻게 살아야 할지 어디로 가야 할지
알지 못하는 불쌍한 영혼으로 바라보아라.'

성령님의 감동은 때론 당황스럽다. 뜨겁게 예배하고 기도하는 때가 아니라 일상에서 생각지도 못한 때에 주시는 감동은 더욱 놀라울 뿐이다. 아이들을 영혼으로 바라보라는 성령님의 말씀을 내 안에서 계속해서 곱씹어보다가 결국 나는 울음을 터뜨리고 말았다. 잘 놀고 있던 아이들은 엄마가 갑자기 눈물을 쏟아내자 이상하기도 하고 무섭기도 한지 눈을 동그랗게 뜨고 나를 바라보았다.

주님의 긍휼이 나에게 부어졌다. 죄인 된 나에게서는 도저히 생겨날 수 없는 마음이었다. 나에게 맡겨주신 이 아이들의 가슴 중심에 '예수님'이 없는 모습을 상상하니 마음이 찢어질 듯이 아팠다. 그리고 하나님께서 나에게 정말 원하시는 것이 무엇인지 알 것 같았다.

감사한 것은, 그때 부어주신 아이들의 영혼을 불쌍히 여기는 마음이 시간이 지나도 변함이 없이 내 안에 가득하다는 것이다. 나는 우리 아이들이 '예수님' 없이 살아가는 것을 생각하면 언제 어디서나 눈물이 난다. 내 안에서 통곡하는 울음과 가슴을 찢는 간구가 터져 나온다.

우리는 자녀들을 놓고 무엇을 위해서 울고 있는가? 더 좋은 옷을 입히지 못해서, 더 좋은 것을 먹이지 못해서, 더 좋은 교육을 시키지 못해서, 더 좋은 환경을 제공하지 못해서일까? 지금 이 시간, 나에게 임했던 성령님의 음성이 이 글을 읽는 모든 부모에게 들려오길 간구한다. 그리고 성령께서 우리 아이들 영혼의 상태를 밝혀 보여 주시길 부탁드린다. 혹시 부모 된 우리가 모르는 사이에 홀로 눈물 짓는 아이들은 없는지, 외로움과 두려움, 불안으로 어찌할 줄을 모르고 방황하는 아이들은 없는지, 예수님을 거부하는, 마음이 메마르고 강퍅한 아이들은 없는지….

아이를 낳긴 낳았는데 어떻게 키워야 하는지 모르겠다고, 제발 가르쳐달라고 울부짖는 나에게 하나님은 "말씀으로 키워다오"라는 음성을 들려주셨다. 그 음성에 순종하기 위해 몸부림쳤던 지난 시간을 떠올려보니, 아이들의 영혼을 불쌍히 여기는 그 마음이 그동안 숱한 어려움과 힘듦을 견딜 수 있게 힘이 되어주었다는 생각이 든다.

아이들이 말씀을 소유할 수 있도록 말씀을 외우고, 함께 성경을 읽어나가고, 묵상하는 말씀 훈련들이 부모인 우리에게 쉽지 않을 수도 있다. 하지만 복음 없이, 말씀 없이 허무하고 고통스럽게 살아갈 아이들의 영혼에 대하여 애통함이 있는 부모는 아무리 힘들더라도 그 일을 하게 되어 있다.

비단 자녀 양육의 영역뿐만 아니라, 어떤 경우든지 '어떻게 저런 일들을 감당할까' 하는 곳에는 그 영혼을 불쌍히 여기는 마음이 있는 것 같다. 나는 신약성경에서 예수님의 공생애 기간을 기록한 말씀들을 읽을 때마다 곳곳에서 "나는 무리를 불쌍히 여기노라"라고 하시는 예수님의 긍휼한 마음을 확인할 수 있었다. 우리를 불쌍히 여기신 예수님의 그 긍휼의 마음이 십자가 고통을 감당하시고 인류 구원을 이루신 것이 아닐까?

우리가 자녀를, 누군가의 표현에 따르면, '나를 돋보이게 하는 액세서리'와 같이 여기고 이 땅에서의 겉모습에만 마음을 쏟지 않기를. 자녀들을 예수님이 필요한 영혼으로 보고 불쌍히 여기며 그 영혼을 끌어안고 우리가 할 수 있는 대로 나의 하나님을 전해주며 구원의 통로로 쓰임 받기를. 그런 부모들이 많아지기를 소망하고 기도한다.

복음 전하는 엄마

뜨거웠던 청년의 때, 나는 정말로 복음 전하는 사람이 되고 싶었다. 아무 소망 없던 나에게 찾아와주셔서 나를 만져주신 그 은혜가 너무도 감격스러워서 어떻게 하든지 이 큰 사랑을 전하고 싶었다. 마음 같아서는 확성기를 들고 "예수님 믿으세요"라고 말하며 돌아다니고 싶고, 뜨겁게 새벽에 기도하고 나서 집으로 돌아갈 때 만나는 사람마다 "예수님 믿으세요"라고 말해야겠다고 다짐도 했지만 실행에 옮기진 못했다.

그렇게 마음은 간절했지만 아무리 기도해도 한 명에게도 제대로 된 복음을 전하지 못하는 내 모습이 너무도 실망스럽고 죄송해서 눈물로 기도를 드린 적이 많았다. 나는 '내가 이런 말을 하면 다른 사람이 나를 어떻게 생각할까'라며 이내 말하기를 포기하고 두려워 하는 겁쟁이 크리스천이었다.

그렇게 '남이 어떻게 생각할까'를 많이 의식하고 겁 많았던 내게 어떤 제약도 없이 자유롭게, 마음껏 복음을 전할 수 있는 삶을 기도 응답으로 주셨다. 그것은 바로 '엄마'로 복음을 전하는 삶이었다. 내 자녀들에게는 복음 전하는 것이 어렵지 않았다. 눈치 볼 것도 없었고, 나를 어떻게 생각할까 걱정하지 않아도 되었다. 오히려 내가 말하고 싶은 만큼, 말하고 싶은 대로 마음껏 전할 수 있었다.

어느 날, 이 기도 제목이 응답받았다는 것을 하나님께서 깨닫게 해주시면서 지난날 내가 아이들을 붙잡고 외치고 말했던 일들이 영화 장면처럼 지나가게 해주셨다.

막내 제이와 함께 "한 번 죽는 것은 사람에게 정해진 것이요 그 후에는 심판이 있으리니"라는 히브리서 9장 27절 말씀을 암송할 때였다. 제이와 함께 암송하고 나서 나는 다섯 살 된 아이가 알아듣든 못 알아듣든 목소리를 높여 말하기 시작했다.

"제이야, 사람은 누구나 한 번은 죽게 되어 있단다. 너도 언젠가는 죽게 될 텐데 죽고 나면 그게 끝이 아니야. 천국과 지옥은 진짜로 있어. 네가 예수님을 나의 주인, 나의 구원자로 믿어야 저 천국에 갈 수 있어. 하지만 네가 믿지 않고 네 마음대로 살다가 죽는다면 저 지옥으로 떨어질 수밖에 없어. 제이는 천국에 가고 싶니, 지옥에 가고 싶니? 제이야, 예수님을 믿어야 해!"

그렇게 불을 토하듯 외치고 나서 아이의 머리에 손을 얹고는 제이가 주인 되시고 구원자 되신 예수님을 믿고 저 천국에서 영원히 사는 것을 누릴 수 있도록 믿음을 달라고 기도해주었다.

그날도 여느 때와 다름없이 막둥이 세 아이와 큐티 책을 펴고 무슨 말씀이 있나 보았더니 '다시 오실 예수님'에 관한 말씀이 있었다. 그 내용으로 미리 준비한 것도 아니고 생각한 것도 아닌데 나는 아이들에게 설교를 하기 시작했다.

"애들아, 정말로 예수님은 다시 오신다. '예수님이 뭘 오신다고 그래?' 했던 사람들은 예수님이 진짜 오시면 얼마나 놀랄까? 그리고 왜 그때 믿지 않았을까 후회하겠지? 애들아, 첫 번째, 예수님은 진짜 오신다는 것을 꼭 믿어야 돼. 그리고 두 번째, 언제 오실지를 아무도 몰라. 하나님만 아셔. 언제 오실지 모르니 우리는 잘못을 해도 빨리 회개하고 깨끗한 모습으로 항상 오실 것을 준비하고 있어야 돼. 너희가 싸우고 있을 때, 어머니도 화내고 있을 때 예수님이 오시면 어떻게 하겠어?"

나는 그때 깨달았다. 어린 영혼 두세 명을 앉혀놓고 전하는 엄마에게 성령께서 기름 부어주시고, 할 말을 입에 넣어주신다는 것을….

그날 우리는 뜨겁게 "주여!" 부르며 주님 다시 오심을 꼭 믿고, 빨리 회개하며 늘 깨끗한 모습으로 있다가 주님 만나게 해달라고 부르짖어 함께 기도했다. 며칠 뒤, 넷째 로이가 나에게 와서는 그날 어머니가 해주신 말씀이 계속 생각나서 깨끗한 모습이 되기 위해 잘못한 것을 바로 회개하는 기도를 했다고 말했다.

하나님은 부모의 입을 사용하기 원하신다

아이들에게 말씀을 먹이기 위해서 아이들을 붙잡고 말씀 암송하는 시간은 '그날 암송할 말씀'이라는 교과서를 놓고 아이들에게 여러 가지 다양한 영역에 관해서 말해주고 가르쳐줄 시간이 되기도 하였다.

막둥이들에게 신명기 6장 7절 말씀을 암송시키던 날에는 "네 자녀에게 부지런히 가르치며 집에 앉았을 때에든지 길을 갈 때에든지 누워 있을 때에든지 일어날 때에든지 이 말씀을 강론할 것이며"라는 7절 말씀을 암송하다가 아이들에게 이렇게 말해주었다.

"얘들아, 네 자녀에게 부지런히 가르치라고 말씀하셨지? 너희도 커서 엄마, 아빠가 되면 자녀들을 이렇게 앉혀놓고 말씀을 가르쳐라. 그런데 부지런히 가르치는 게 정말 쉽지만은 않단다. 어머니도 매일 이렇게 하는 거 쉽지 않지만 부지런히 가르치라고 하시니 순종하는 마음으로 하는 건데, 우리 힘으로 안 되니 예수님께 도와달라고 기도해야 돼."

큰아이들과 잠언을 암송하다가 '음녀'에 대한 부분을 통해 여러 가지 이야기를 나눌 기회도 있었다.

"애들아, 아내와 결혼했는데 다른 여자가 이쁘게 보이면서 그 여자를 사랑하는 마음이 들었어. 그러면 될까? 그럴 땐 어떻게 해야할까? 다른 여자가 좋다고 이혼하고 또 그 여자랑 결혼하면 될까? 만약에 아주 예쁘장하게 생긴 여자가 '오빠!' 하고 유혹하면서 오늘 밤 집에 들어가지 말고 함께 있자고 하면 어떻게 할 거니?"

"'니 미쳤나?'라고 말하면서 뺨을 때려줄 거예요. 다시는 나한테 얼씬도 못 하게."

아이의 과격한 말에 빵 터지고 말았다.

그러고 보니 왜 그랬는지는 모르겠지만 아이들이 어렸을 때 아이들과 역할극을 많이 했다.

"야, 오늘 일요일인데 교회 가지 말고 같이 놀러가자. 딱 하루만 예배 안 드리고 놀러가는 것쯤이야 괜찮지 않겠어?"

"예수 안 믿겠다고 한마디만 하면 살려준다. 하지만 예수 믿겠다고 하면 쏜다!"

"딱 한 잔만 마셔봐~. 내가 아는 교회 다니는 사람들도 다 술 마시더라. 자, 얼른!"

나는 늘 유혹하는 역할이었다. 실감 나게 아이들을 유혹했다. 그러나 아이들은 늘 정의의 사도요, 신실한 크리스천들이었다.

늘 그런 것은 아니었지만, 하나님께서 생각지도 못하게 내 입에 할 말을 넣어주셔서 아이들에게 뜨겁게 전하고 가르치게 하신 일들이 많았다. 그럴 때면 엄마로서 얼마나 보람 있고 행복했는지 모른다. 하나님께서는 부모의 입을 사용하신다. 부모를 통해서 말하고 전하기를 원하신다. 나는 신명기 말씀을 읽을 때마다 하나님께서 부모에게 원하시는 것이 무엇인지를 절실히 깨닫게 되어 눈물이 날 때가 많았다.

너는 그 일들을 네 아들들과 네 손자들에게 알게 하라 신 4:9

내가 그들에게 내 말을 들려주어 그들이 세상에 사는 날 동안 나를 경외함을 배우게 하며 그 자녀에게 가르치게 하리라 신 4:10

곧 너와 네 아들과 네 손자들이 평생에 네 하나님 여호와를 경외하며 내가 너희에게 명한 그 모든 규례와 명령을 지키게 하기 위한 것이며 신 6:2

오늘 내가 네게 명하는 이 말씀을 너는 마음에 새기고 네 자녀에게 부지런히 가르치며 집에 앉았을 때에든지 길을 갈 때에든지 누워 있을 때에든지 일어날 때에든지 이 말씀을 강론할 것이며 신 6:6,7

후일에 네 아들이 네게 묻기를 우리 하나님 여호와께서 명령하신 증거와 규례와 법도가 무슨 뜻이냐 하거든 너는 네 아들에게 이르기를 우리가 옛적에 애굽에서 바로의 종이 되었더니 여호와께서 권능의 손으로 우리를 애굽에서 인도하여 내셨나니 신 6:20,21

또 너희가 요단을 건너가서 차지할 땅에 거주할 동안에 이 말씀을 알지 못하는 그들의 자녀에게 듣고 네 하나님 여호와 경외하기를 배우게 할지니라 신 31:13

그들에게 이르되 내가 오늘 너희에게 증언한 모든 말을 너희의 마음에 두고 너희의 자녀에게 명령하여 이 율법의 모든 말씀을 지켜 행하게 하라 이는 너희에게 헛된 일이 아니라 너희의 생명이니 신 32:46,47

하나님께서 이스라엘 백성들을 신음하고 울부짖었던 애굽 땅에서 나오게 하시고 젖과 꿀이 흐르는 가나안 땅으로 인도하신 그 구원의 기적처럼, 부모 된 나에게도 죄인 중의 괴수로 고통스러워하던 삶에서 영원히 누릴 저 천국으로 인도하신 그 구원의 이야기를 우리 자녀들에게 들려주기를 원하시는 아버지의 마음이 느껴져 눈물이 났다. 그러면서 나에게 맡겨주신 자녀들, 이 영혼들만큼은 내가 책임지고 그 이야기를 전해야 한다는 사명감이 들었다.

이 아이들이 내 품을 떠나기 전에 할 수 있는 대로 '내가 만난 하나님', '엄마의 하나님' 이야기를 많이 들려줄 수 있기를…. 나는 꿈을 꾼다. 훗날 우리 아이들이 이렇게 고백하기를.

"제게 예수님을 전해준 분은 우리 어머니이십니다."

꼬마 선교사

넷째 로이가 오후 내내 밖에서 놀다가 집으로 돌아와서는 나에게 이런 말을 했다.

"어머니, 저 오늘 놀이터에서 세쌍둥이 누나들에게 예수님을 전했어요."

"그래?"

로이가 예수님을 전했다고 하는데, 나는 속으로 믿기지가 않았다. 로이의 영어 실력을 내가 아는데 그 짧은 영어로 그게 가능할까 싶어서 로이에게 다시 물어보았다.

"영어로 뭐라고 말했는데?"

"You like Jesus?

You like Jesus, you can go to Jesus house.

You don't like Jesus, you go to dangerous house."

로이의 대답을 듣는 순간, 아무 말도 할 수 없었다. 태연한 척했지만 눈물이 쏟아질 것 같았다. 아니, 이미 속으로는 눈물을 펑펑 쏟아내고 있었다.

"너 예수님 믿어?"라고 물으려고 했는데 'believe'(믿다)라는 단어를 모르니 로이는 'believe' 대신에 자기가 아는 'like'(좋아하다)라는 단어를 썼고, '만약 ~라면'이라는 뜻의 'If'라는 단어를 몰랐지만 생략하고 그냥 말했다. 그리고 'Heaven'(천국)이라는 단어를 몰라서 천국을 'Jesus house'로 표현했고, 'Hell'(지옥)을 몰랐기에 'dangerous house'로 표현했다.

하나님께서 꼬마 선교사인 로이를 통해서 어른 선교사인 나를 부끄럽게 하시고 큰 깨달음을 주셨다.

'언어가 문제가 아니었구나! 저 여덟 살짜리가 자기가 할 수 있는 몇 단어로도 예수님과 천국, 지옥에 대해서 저렇게 전하고 싶어

서 말하는데 나는 로이보다도 훨씬 더 많은 단어를 알고 있으면서
도 이웃에게 입을 다물고 있으니…. 주님, 용서해주세요.'

로이는 평소에도 자기는 정말 예수님을 사랑한다고 했다. 많이
사랑한다고 했다. 예수님을 많이 사랑해서 예수님이 기뻐하시는 일
을 해드리고 싶다고 했다. 그 열망이 무슬림 아이들에게 예수님을
전하는 담대함으로 나타났던 것이다.

어느 날은 남편과 내가 1시간 걷기 운동을 하려고 밖에 나갔더
니 로이, 예이와 우리집에 자주 놀러왔던 인도계 여자아이 알래스카
가 집 앞에 돗자리를 깔고 엎드려서 스케치북에 그림을 그리고 색
칠하며 놀고 있었다. 그런데 아이들이 그린 그림을 보는 순간 깜짝
놀랐다.

알래스카는 독실한 힌두교 집안의 아이인데, 로이와 예이가 시켜
서 그랬는지 예수님과 두 강도의 십자가로 보이는 세 개의 십자가
를 그려놓고 십자가에 예쁘게 색칠을 하고 있었다. 로이, 예이는 우
리와 눈이 마주치자 뭔가를 말하는 듯한 표정으로 환하게 웃었다.
나는 이 꼬마 선교사들의 활약에 입이 떡 벌어졌다.

큰아이들은 동네 아이들 놀이문화의 선두 주자들이었다. 우리
아이들이 배드민턴을 시작하니 동네 아이들도 배드민턴을 치기 시
작했고, 우리 아이들이 인라인스케이트를 타기 시작하니 동네 아이
들도 인라인스케이트를 타기 시작했다.

축구에 진심이던 우리 아이들을 위해 남편이 튼튼한 축구 골대를 사주었더니, 또래 아이들이 남녀 구분할 것 없이 다 모여서 매일 오후에 그 더운 날씨에도 땀을 뻘뻘 흘려가며 축구를 했다. 축구가 끝나면 아이들은 땀을 식히면서 이런저런 이야기를 나누는 수다 시간을 가졌는데, 힌두교와 이슬람교, 다양한 종교의 아이들이 모이다 보니 서로가 믿는 신에 대해서 토론을 하기도 했단다.

남편은 '말레이어 배우기'에 상금을 걸고 아이들에게 매일 10단어씩 외우게 했는데 단어의 뜻도 외우고 새롭게 외운 단어로 문장도 만들어야 미션 성공이었다. 상금을 향한 뜨거운 갈망으로 첫째 세이와 둘째 조이가 제일 열심이었는데, 아버지가 매일 만들어주는 그날 외울 단어 리스트를 들고 날마다 동네 친구집으로 달려가곤 했다. 그래서 이 단어가 정확하게 무슨 뜻인지, 어떻게 쓰이는지 친구에게 설명을 듣고 왔는데, 아이들이 듣고 온 내용을 들으니 교재에 나온 것과 실제 현지인들이 사용하는 용법이 다른 경우도 있다는 것을 알게 되었다. 어느 날은 친구도 설명해주기가 어렵다는 단어가 있었는데, 친구 아버지가 나오셔서 대신 설명해준 적도 있다고 했다.

말레이시아를 떠나던 날, 동네 아이들과 이웃 사람들 십여 명이 우리 집 앞에 와서 작별을 아쉬워해주었다. 공항까지 우리를 데려다주기로 한 밴(Van)이 도착했고, 그 밴을 타고 떠나는 우리를 향해 그들은 끝까지 손을 흔들어주었다. 차 안에서 그 모습을 보며, 나도 모르게 울컥했다. 남편에게 여기에는 한국인이 한 명도 없다고 불평하곤 하던 철없던 선교사였는데, 떠나는 날에서야 그들이 내 친구였고 진정한 이웃이었다는 것을 깨닫게 되었다. 그러면서 우리가 다시 이 땅에 돌아왔을 때, 그때의 감격을 생각하니 눈물이 절로 났다.

한국에 들어온 지 몇 달이 지나도록 우리 집 꼬마 선교사들은 아직도 말레이시아를 그리워하고, 말레이시아의 음식과 과일을 그리워하고, 한국보다 말레이시아가 더 좋다고 말한다. 우리 아이들은 한국보다 말레이시아에서 지낸 시간이 많았기에 현지인 친구들이 유일하게 우정을 나눈 진정한 친구들이었다.

첫째 세이는 지금도 함께 놀았던 동네 친구들과 연락을 주고받으며 매일 밤 다시 말레이시아로 돌아가게 해달라고 기도한다고 한다. 우리 집 꼬마 선교사들을 보며 그들도 하나님께서 부르신 선교사들이었구나 깨닫게 된다.

사랑은 오래 참고

지금껏 6남매를 키워오면서 눈물로 올려드렸던 기도 중에 가장 많이 했던 기도가 "아이들을 사랑하게 해주세요"였다. 아이들의 고집이라든지 거짓말 등 엄마인 나도 양육하기에 쉽지 않은 부분이 많다 보니 힘든 마음들이 쌓여갈 때가 많았다. 그러면 하나님 앞에서 이 문제를 해결하지 않으면 안 되겠다는 절박한 마음이 들어서 아이를 있는 그대로 품고 사랑하게 해달라고 몸을 비틀면서 간절히 기도했었다.

그 당시 나의 마음은 이 힘든 마음으로 내일을 살아갈 자신이 없었고, 그래서 '하나님께서 그 사랑을 부어주지 않으시면 이 자리를 뜨지 않겠다'라는 마음으로 하나님께 간절히 매달렸었다. 말씀으로 믿음으로 잘 키우려고 했지만 '내 안에 이렇게 사랑이 없는가' 하는 탄식과 한탄으로, 하나님께 사랑을 부어달라고 간구하며 얼마나 많이 울어야 했는지 모른다.

그러나 사랑이 마음에 금방금방 채워지는 것은 아니어서 그런 눈물과 부르짖음의 시간은 끝없이 계속되는 것 같았다. 그것이 나의 짧은 생각으로는 이해가 되지 않았다. 내가 내 욕심을 위해 다른 어떤 것을 구한 것도 아니고, 맡겨주신 자녀 뜨겁게 사랑하지 못하니 괴로워서 사랑하게 해달라고 간구하는 기도를 하나님은 왜 이리도 빨리 응답해주지 않으시는지 알 수가 없었다. 그런데 말씀을 통해서 깨닫게 해주시는 것 같았다. 그 당시 우리 가정은 가정예배 때 고린도전서 13장 말씀을 암송하고 있었다.

··· 사랑은 오래 참고 ···

··· 모든 것을 참으며 모든 것을 믿으며 모든 것을 바라며

　모든 것을 견디느니라

사랑장 말씀을 암송하는 가운데 하나님께서 나에게 사랑이란 무엇인가를 말씀해주시는 듯했다.

'미나야, 솟아나는 사랑이 전부가 아니야.

때론 오래 참는 것도 사랑이야.

모든 것을 참고, 믿고, 바라는 것도 사랑이야.

그 사람의 어떤 모습도 끝까지 견디는 것도 사랑이야.'

그리고 사랑하게 해달라고 울부짖으며 기도할 때 하나님께서는 내 안의 죄를 보여주시며 내가 사랑하지 못하는 이유를 가르쳐주셨다. 그리고 그 타락한, 죄 된 모습을 수술해야 한다고 하셨다. "고통스럽겠지만, 그 절망을 네가 마주해야 한다"라고 하시는 것 같았다.

나의 눈은 타락했다. 아이들 각자의 '다름'을 '특별한 것'으로 여기지 못하고 왜 그렇냐고, 내가 보기 원하는 모습이 왜 아니냐고 계속해서 불평하고 못마땅해했다. 아이의 마음을 보지 못하고, 내

눈과 내 마음에 들지 않는 행동들을 힘겨워했다. 철저히 내가 중심이 된 타락한 나였다. 그래도 한 가지 감사한 것은 "아이에게는 아무 잘못이 없다"라고 수없이 되뇔 수 있었다는 것이다. 사실 아이들에게는 아무 잘못이 없다. 외모도, 성품도, 기질도 자기가 결정한 것은 아무것도 없었다. 문제는 그것을 받아들이지 못하고 자기가 원하는 대로 고집하는 부모에게 있었다.

사랑을 구하며 엎드릴수록 예수님이 그토록 강조하셨던 사랑이 무엇인지 조금씩 알 것 같았다. 그 사랑 앞에서는 그 사람의 어떠함을 핑계할 것이 못 되었다. 나를 용납해주시고 품어주신 그 사랑을 경험할수록, 그분을 더 뜨겁게 사랑할수록 내 주변의 어떤 사람이라도 사랑할 힘이, 아니 사랑하고 싶은 에너지와 열정이 생긴다는 것을 경험하게 되었다.

우리의 문제는 자녀의 잘잘못이나 용납하지 못할 것 같은 자녀의 모남이 아니라 정작 나 자신이 나를 향한 주님의 사랑을 더욱 뜨겁게 경험하지 못하고 깨닫지 못한 것이 아닐까?

자기를 부인하는 사랑

나에게 있어서 사랑은 '자기 부인'이었다. 우리 세대가 다 그럴 수도 있겠지만, 부모님이 나를 사랑하시는 것을 잘 알지만 지금껏 "사랑한다"라는 말 한마디, 따뜻한 칭찬의 말 한마디 들어보지 못한 나로서는 사랑을 표현하는 것이 때론 정말 쉽지 않았다. 그런데 그때, 하나님께서 깨닫게 하신 말씀이 있었다.

누구든지 나를 따라오려거든 자기를 부인하고 자기 십자가를 지고 나를 따를 것이니라 막 8:34

주님을 따른다는 것은 자기를 부인하는 삶이었다. "나는 못 해" 하는 나를 부인하고서 내가 사랑하는 사람이 원하는 대로 할 수 있는 것이 사랑이요, 주님을 따르는 사람의 삶이었다. 그래서 사랑을 표현하는 것이 어색하고 잘되지 않는 나를 부인하고, 예수님이 원하시고 아이가 원하는 대로, 때로는 오버액션을 해가면서 사랑한다고 말하고 안아주고 스킨십을 해주는 나로 조금씩 변화되어 갔다.

아이들을 키우다 보면, 늘 사랑이 샘솟기만 할 수는 없다. 때로는 오래 참고 견디고 버텨야 하는 사랑이 필요한 순간이 있다. 그러니 기억하자. 사랑은 오래 참는 것이다. 사랑은 끝까지 책임지는 것이다. 그렇게 오래 참는 사랑을 하다 보면, 그때는 그려지지 않고 꿈꿔지지 않았던 솟아나는 사랑을 하게 될 날이 오리라고 믿는다.

아이의 마음을 본다는 것은

하나님께서 내게 몇 권의 책을 통해 깨닫게 하시기 전까지는, 내가 아이들을 훈계하는 주된 목적은 잘못된 행동의 수정 및 개선이었던 것 같다. 하지만 하나님께서 원하시는 것은 아이들의 '마음'을 목양하는 것이었다. 아이들이 그런 행동을 하게 되는 원인은 '마음'에 있었다. 마음의 문제가 행동의 문제로 나타나고 드러나는 것이었다.

그래서 아이들이 왜 그런 말과 행동을 하는지를 알기 위해서는 아이들의 마음을 들여다보는 것이 필요했다. 그리고 무엇보다 아이들의 행동 자체만을 바로 잡기 위해 소리를 높여서 엄하게 지적하고 훈계하는 것은 부모의 위협적인 협박일 뿐 때로는 아이들의 마음에 아무런 영향을 미치지 못한다는 것 또한 알게 되었다.

어느 날, 며칠 동안 로이가 유독 심하게 짜증을 내고 소리를 지르고 동생과 다투는 것을 보았다. 예전 같았으면 그 '잘못된 행동'에 대한 훈계로 매를 대고 그 행동을 하지 못하게 하는 데에만 훈계의 목표를 두었겠지만, '마음'을 보는 것에 대한 중요성을 알고 나서는 나의 태도가 바뀌었다.

"로이야, 요 며칠 네가 계속 짜증을 내고 싸우고 하던데 혹시 마음에 힘든 거 있니? 어머니한테 말해주면 어머니가 도와주고 싶은데."

"사실은요, 자꾸 악한 생각들이 저를 괴롭혀요. 싸우라고 하고, 때리라고 하고…."

"주여…. 그랬구나, 로이가 많이 힘들었겠네. 어머니랑 같이 물리치자! 자, 두 손을 불끈 쥐고 어머니 따라해 봐~. 내가 나사렛 예수 이름으로 명하노니, 나를 괴롭히는 악한 영아 내게서 떠나가라! 예수 이름으로 명하노니 사탄아 떠나가라!"

"내가 나사렛 예수 이름으로 명하노니, 나를 괴롭히는 악한 영아 내게서 떠나가라! 예수 이름으로 명하노니 사탄아 떠나가라!"

"로이야, 사실은 어머니도 나를 넘어뜨리려는 악한 공격들이 있을 때가 있어. 그래서 로이의 마음을 어머니도 알 것 같아. 그래도 우리 예수님 이름 부르고 말씀 암송하면서 이겨내자!"

그러면서 로이를 꼬옥 안아주고 기도해주었다. 로이는 어머니도 그랬다는 말에 위로를 많이 받는 것 같았다. 그러고는 밝고 귀여운 로이의 원래 모습을 회복하는 것이 보였다. 사실 이렇게 마음에 힘든 일이 있는 아이에게는 그냥 "짜증 내지 마라, 그렇게 하지 마"라며 그런 행동만 못 하게 한다고 해결될 일이 아니었다.

참으로 슬픈 현실은, 아이의 마음을 보아주고 마음을 다루어야 한다는 것을 알면서도 그러지 못할 때가 많다는 것이다. 아이를 온유하게 인내함으로 훈계하지 못하고, 또 예전처럼 빨리빨리 그 잘못된 행동만 고치면 그만이라는 식으로 목소리를 높이고 최대한 겁

박하면서 "하지 마라!" 하고 뒤돌아설 때 직감적으로 느낀다.

'아이에게 어떤 뉘우침도 주지 못했겠구나….'

마음의 변화, 행동의 변화를 위해서는 죄에 대한 뉘우침이 필요했다. 그러자면 이에 앞서 잘못을 인정하는 마음이 필요하다. 내가 주님 앞에 회개하며 용서를 구할 때, 항상 성령님은 '뉘우침'의 뜨거운 눈물을 주셨다. 잘못을 인정하고 다시는 같은 잘못을 저지르고 싶지 않은 간절함과 주님이 기뻐하시는 삶을 살고 싶은 갈망이 그 눈물 속에 배어 있었다.

뉘우침을 주는 올바른 훈계를 하기 위해서는, 주님께서 사랑으로 품으시며 나에게 뉘우침을 주셨듯이 나 또한 자녀를 사랑하는 마음으로 자녀가 올바르게 행동하고 표현할 수 있도록 도우려는 마음가짐부터 지녀야 했다.

훈계도 따뜻할 수 있다

어느 날, 얼마 전부터 첫째 세이의 말투가 거칠고 비난이 많아졌다는 것을 문득 깨닫게 되었다. 누가복음 말씀이 떠올랐다.

> 선한 사람은 마음에 쌓은 선에서 선을 내고 악한 자는 그 쌓은 악에서 악을 내나니 이는 마음에 가득한 것을 입으로 말함이니라 눅 6:45

주일예배 때 축도가 끝난 후 짧게나마 기도하는데 눈물이 쏟아졌다.

"하나님, 저는 우리 세이의 마음이 어떠한지 잘 모르겠습니다. 세이의 마음에 뒤엉켜있고 악한 것들이 있다면 제거해주시고 마음에 선을 쌓아 선을 내는 세이가 되게 하여주시옵소서."

그렇게 기도하고 나서 주일 저녁에 한 주 동안 암송한 것을 확인하기 위해서 세이를 큰방으로 불렀다. 잠깐 암송을 확인하고 나서 세이와 이야기하기 시작했다.

"세이야, 요즘 어머니가 너를 보니 네 말투에서 험악한 말들, 비난하는 말들이 많더라. 말씀에서 마음에 가득한 것을 입으로 말한다고 하셨기에 어머니는 네가 사춘기라서 그렇다고 생각하지 않는다. 오늘 주일예배 때 기도할 때도 너의 마음을 모르겠다고 어머니가 눈물로 기도했는데, 세이야, 요즘 네 마음에 힘든 거 있니? 너를 화나게 하거나 너에게 스트레스를 주는 일들이 있니?"

"……"

"너를 혼내려는 게 아니라 너를 도와주고 싶어서 그래. 왜냐면 우리가 감사하는 말, 기쁜 말을 하면 내 영이 기뻐지지만 불평하고 짜증내고 비난하는 말들을 계속하면 네가 힘들어지잖아. 어머니한테 말해줄 수 있어?"

"…전 다시 말레이시아로 가고 싶어요. 말레이시아에 있을 때는 친구들이 핸드폰을 가지고 있는 아이들도 있었지만 그래도 크게 상관없이 같이 축구하고 놀고 그랬는데 한국에 오니 다 핸드폰을 가지고 있고 저만 없잖아요. 교회 중등부 반 단톡방에도 저만 빠져있고 어머니가 대신 들어가 있으시잖아요."

눈물을 흘리며 말하는 아들의 심정을 그 눈높이에서 생각해보니 그 마음을 헤아릴 수 있을 것 같았다.

"그랬구나. 그래, 세이야. 네 마음도 이해가 되네. 어머니와 아버지가 그 부분을 고민하지 않고 있는 것은 아니고 많이 이야기하고 있었단다. 네 마음이 그렇다면 어머니도 기도하면서 하나님께 어떻게 해야 할지 여쭤보고, 아버지와도 더 의논을 해볼게."

세이와 대화를 마치고 아들의 머리에 손을 얹고 간절히 기도해 주었다. 기도가 끝나고 고개를 드는 아이의 눈에 눈물이 맺혀 있었다. 이제는 키가 나보다 더 큰 아들이지만 사랑을 표현하고 싶은 마음을 부어주셔서 "아이고, 우리 아들 한번 안아보자~" 하면서 아기 때 안아주었던 자세로 안아주고는 얼굴을 비비고 사랑한다고 말해주었다. 그러고 있는데 넷째 로이가 들어와 "아유, 형아랑 어머니가~" 하면서 놀리길래 세이가 부끄럽다는 듯 뛰어나갔다.

나는 하나님께 참 감사했다. 세이가 중학생이 되면서 사춘기를 지나가야 할 아들을 놓고 이렇게 기도했었다.

"하나님, 다른 것은 몰라도 이 아이와 영적인 대화가 막히지 않게 해주세요."

아무리 고비 같은 순간들이 생겨도 아이와 영적인 대화가 끊어지지 않는다면 우리는 위기의 순간에도 주님 안에서 함께 이야기하고 기도하며 해결해갈 수 있다고 생각했기 때문이다.

하나님 앞에서 부모 된 우리가 아이들의 마음을 들여다보고 마음을 바로잡아주는, 그래서 '마음을 목양하는' 부모들이 될 수 있기를 기도한다. 내가 경험해보니 훈계도 이렇게 따뜻하고 감동적일 수 있구나 싶었기 때문이다. 아이와 내가 주님 안에서 더 하나가 되는 것 같고, 더욱 단단해지는 것을 느꼈기 때문이다.

우리가 아이의 마음을 목양하기로 결단한다면 나에게서는 나올 수 없는, 그 순간에 꼭 해야 할 말을 우리 입에 넣어주시는 하나님의 지혜를 감격하며 경험하게 될 것이고 또한 우리에게서 생겨날 수 없는 사랑과 긍휼이 부어져서 자녀들에게 흘러가는 것을 보게 될 것이다.

우리 하나님은 참 좋으신 분이다. 그분의 지혜와 능력은 한이 없고 끝이 없으시며 날마다 새롭게 역사하시는 창조 그 자체이시다. 나도 살리시고 우리 자녀들도 살리시는 하나님을 찬양하며 경배합니다!

우리는 자녀 선교사

한국에 들어오고 나서, 하나님께서 만나게 해주신 분들에게서 자녀에 대한 아픈 이야기를 많이 듣게 되었다. 두 자녀를 모두 명문대에 보낸 어느 집사님은 "사모님, 너무 애들 공부시키려고 하지 마세요. 공부를 좀 못하면 못하는 대로, 그 나름대로 또 그렇게 살면 돼요. 중요한 것은 그게 아닌 것 같아요"라고 하셨는데 집사님의 슬픈 마음이 느껴졌다.

그 댁의 자녀는 둘 다 명문대를 나와 대기업에 입사했는데, 직장 때문에 지역을 옮겨 따로 살게 되면서부터 교회를 나가지 않는다고 했다. 교회를 떠난 자녀들을 향한 아픈 마음에 사모님 가정은 그런 일 겪지 말라고 해주시는 쓰라린 조언 같았다.

또 어떤 권사님은 아들이 교회에서 중고등부 임원과 회장까지 했지만 대학에서 기독교에 대해 부정적인 안티크리스천 여학생을 사귀면서부터 교회를 나가지 않는다고 하셨다. 아들과 떨어져 살고 있지만, 다시 회복할 수 있도록 줌(zoom)으로라도 같이 가정예배를 드리고 성경을 읽고 있다고 하셨다.

그 외에도 교회를 떠난 자녀로 인해 마음 아파하시는 분들의 이야기를 많이 들었는데 나 역시도 너무 마음이 아팠다. 그러면서 아직 아이들이 품에 있는 부모들은 이 선배 부모들의 가슴 찢어지는 고백과 조언에 귀를 기울여야 한다는 생각이 들었다. '내 자녀는 그렇지 않을 거야'라는 안일한 생각을 버려야 할 때이다.

어느 선교사님이 "오늘날 선교지의 땅끝은 바로 '자녀들의 방'이다"라는 표현까지 쓰시면서 다음세대의 심각하게 낮은 복음화율에 관해 말씀하시는 것을 들은 적이 있다. 아이들이 대학에 들어가고 나서도 교회에 남을 확률을 많게는 20퍼센트에서 적게는 3퍼센트까지 보시는 분들도 있었다. 100명 중 80명에서 97명이 교회를 떠나고 3명에서 20명 정도만이 교회에 남는다는 것인데, 우리 자녀들은 어디에 속하게 될까? 남는 자일까, 떠나는 자일까?

나 역시도 때로는 두렵고 떨림으로 우리 아이들의 구원을 위해서 기도하고, 내 품에 있을 때 뭐라도 더 말해주고 가르쳐줄 수 있을 때 사명을 다하자는 마음이 든다. 이미 우리 품을 떠났을 때는 우리의 선배 부모들처럼 아무 손을 쓸 수 없고 가슴 아픈 눈물만 흘려야 할 때가 올 수도 있기에.

말레이시아 한인교회에서 찬양 인도로 초등부 예배를 섬길 때, 앞에서 아이들을 보면서 이들 중에 몇 명만이 교회에 남게 되고 다 떠나갈 수도 있다고 생각하니 마음이 찢어질 듯 아팠다. 아이들은 내 마음을 모르겠지만, 그날 찬양이 끝나고 이 아이들이 다 교회를 지키며 신앙을 지킬 수 있도록 합심해서 기도했었다.

자녀 신앙교육의 골든타임

한국 교회의 심각한 다음세대 복음화율을 볼 때, 부모 된 우리는 모두가 '자녀 선교사'의 역할을 감당해야만 한다. 점점 교회를 떠나고 있는 그들에게 가정에서 우리가 할 수 있는 대로 말씀을 가르치고 신앙을 전수하고 복음을 전하는 일은 어쩌면 시대적 사명이 아닐까 싶다.

언젠가 캄보디아에서 오랫동안 사역하신 선교사님을 한국에서 뵙고 식사하고 교제한 적이 있다. 그날 남편과 여섯 아이들이 먼저 앞장서서 걸어가고 선교사님과 나는 뒤에서 걸어갔는데 나중에 사모님이 그때 얘기를 꺼내며 이렇게 말씀해주셨다.

"사모님, 사모님에겐 이 여섯 자녀를 말씀으로 신앙으로 잘 키우는 일이 사역이야. 선교 안 해도 돼. 이 여섯 아이를 통해 수십, 수백 명의 사람들이 세워질 것들을 생각해봐."

뒤돌아보니 내가 선교사라고 불렸지만 말레이시아에서 이 여섯 아이들 키운다고 선교사로서 대단한 뭔가를 한 것도 없었는데 사모님의 말씀이 내게 큰 위로가 되었다. 제자로 양육한 이 여섯 아이를 통해 주께 돌아올 영혼들이 많다면 그것 말고 더 바랄 것이 무엇이 있을까?

'자녀 선교사'로서의 사명을 감당할 때, 우리에게 골든타임은 아이들이 어릴 때이다. 누군가는 어린아이들이 무슨 말을 알아들을 수 있냐고, 아이들이 초등학교 들어갈 때쯤이나 말귀를 알아듣고 대화가 통할 때가 되어야 앉혀놓고 같이 성경도 읽고 신앙에 대해서 말할 수 있지 않겠냐고 할지도 모르겠다. 하지만 그것은 사탄의 속임수와 같이 잘못된 생각이다!

아이들이 자라기를 기다리면서 우리가 손 놓고 있는 동안 아이들의 머릿속엔 말씀이 아닌, 신앙이 아닌 세상적인 생각과 경험들이 자리를 잡아 다른 세계관과 가치관이 형성되고 있을 것이다. 그리고 난 후에 이제 아이들이 자랐다고 생각해서 우리가 뭔가를 말하려고 하면 그때는 그 말이 받아들여지지 않고 오히려 튕겨 나오는 것 같은 낭패감을 맛볼 수도 있다.

할 수 있는 대로 빨리, 모태에서부터 어린아이 때부터, 말씀으로 신앙으로 채워질 수 있도록 우리 부모가 모두 때를 분별하는 '지혜로운 선교사'들이 되길 바란다. 우리 자녀들이 교회를 떠나는 자가 되지 않고, 교회를 지킬 뿐만 아니라 주님 오심을 앞당길 선교 세대로 일어설 수 있도록 모든 부모 세대여, 자녀 선교사로 일어서자!

우리가 누구인가?

예수님을 믿고 따르는 자들 아닌가?

하나님의 청지기로서의 부모 아닌가?

그런데 하루가 지나도록 하나님의 '하'자도 꺼내지 못하고 어떤 신앙적인 이야기도 하지 못한 채 그저 먹이고 입히고 씻기고 공부시키는 것으로 하루하루를 보내고 있다면 우리가 누구인지, 우리의 역할이 무엇인지 알지 못하고 살아내지 못하는 슬픈 일이 아닐 수 없다. 우리에게 맡겨주신 자녀들의 영혼 구원을 위해 부모 된 우리를 더욱 사용해주시길 간절히 기도한다.

하나님께 일러바치기

대학교 1학년 때 SFC 기독교 동아리에서 남편을 처음 알게 되었으니 알게 된 것만 해도 20년이 되었고 결혼한 지는 15년이 되었다. 친정에서는 우리 딸과 행복하게 잘 살아줘서 너무 고맙다는 칭찬을 듣는 남편이지만, 그도 사람인데 같이 살면서 갈등과 어려움이 왜 없었겠는가.

나에게 있어서 제일 힘들었던 것은 다른 것이 아니고, 말로는 어떻게도 이길(?) 수 없다는 것. 내 생각에는 남편이 100퍼센트 잘못한 것이 맞는데, 내가 이야기를 꺼내서 말을 하다 보면 결국에는 본인은 아무 잘못이 없고 나만 나쁜 사람이 되어버린다. 그런 일이 반복될 때마다 속이 터질 것 같았다.

평상시에는 사이가 좋다가도 남편에게 불만스럽거나 문제를 이야기해야 할 때는 지혜가 필요했는데, 이 상황에 대한 최고의 대처법을 깨달았다. 그것은 '하나님께 일러바치기'였다. 문제를 남편에게 바로 말하지 않고, 하나님께 먼저 말씀드리고 재판을 부탁드리는 것이었다.

급격한 체력 저하로 일상생활이 불가능하고 누워서 쉬어야 할 때가 있었다. 한약도 먹고 있었고, 최소한의 집안일만 거드는 시간을 보냈는데 나는 누워 있으면서도 마음이 편하지 않았다. 나 대신 남편이 해야 할 일들이 많았고, 아이들이 다투고 우는 소리가 들릴 때면 차라리 일어나서 뭐든 돕고 내 할 일을 하고 싶었다.

그래도 한의사 집사님이 쉬어야 한다고 하셔서 억지로 누워 있는데, 남편이 한약을 먹고 해도 왜 효과가 없냐는 식으로 말을 할 때마다 마음이 불편하고, 나도 빨리 회복되고 싶은데 몸에 힘이 생기지 않는 현실이 안타깝기만 했다.

남편의 말이 야속하기도 하고 받아치고도 싶었지만 꾹 참고 하나님께 말씀드렸다.

"하나님, 저는 로봇이 아니잖아요. 몸을 너무 많이 써서 지쳐서 이러고 있는데 남편이 빨리 회복되지 않는 것 같다고 말해서 제가 너무 눈치가 보이고 속상해요.

남편이 말이라도 '당신 그 동안 고생 많이 해서 그런 거니 마음 편히 푹 쉬어'라고 말해주면 좋겠어요. 그리고 제가 누워 있고 아이들을 돌보지를 못하니 남편이 애들하고 조금만 더 놀아주고 책도 읽어주고 해주면 아이들 우는 소리 안 듣고 제가 좀 더 편히 쉴 수 있을 텐데요.

하나님, 이것을 어떻게 남편한테 이야기해야 할지 모르겠어요. 하나님, 남편이 깨닫게 해주시고 제 마음을 헤아려줄 수 있도록 도와주세요."

그렇게 눈물로 하나님께 속상한 마음을 토해놓고 지내고 있었는데, 아이들이 다 놀러 나가고 남편과 둘이서만 있는 시간이 생겼다. 그때, 사실은 내 마음이 이러이러했다고 이야기할 수 있었는데 남편이 미안하다고 말하며 내 마음을 헤아려주었다.

하나님이 세우신 권위에 순복하는 삶

'하나님께 일러바치기' 할 때 신기한 것이 있다. 하나님은 참 공평하고 정의로운 재판관이시다. 나는 분명히 남편이 잘못되었다고 생각해서 일러바쳤는데, 기도하고 일상을 살다 보면 때로는 '내가 잘못했다'라는 깨달음이 들게 하셨다. 그럴 때면 하나님의 재판 결과에 수긍하고 나의 잘못을 돌아보며, 내가 남편의 권위에 더욱 순종해야겠다는 다짐을 하기도 했다.

그리고 시간이 흐르면서, 남편이 100퍼센트 잘못한 일이라도 그에게 어떻게 말해주는가가 남편에게는 아주 중요하다는 것을 알게되었다. 일단 내 목소리가 짜증과 불평으로 시작을 하면 남편은 인정하고 싶은 마음이 사라진다면서, 감정이 일단 올라오면 차라리 메시지로 보내주면 더 좋겠고, 혹 말로 하더라도 최대한 부드럽게 이야기를 해주면 좋겠다고 했다.

남편의 권위를 인정하고, 나는 나대로 최대한 내 감정을 잘 표현할 수 있도록 지혜를 구하면서 남편에게 이야기하면 대개는 남편도 미안하다며 내 마음을 헤아려주었다.

아이를 키우다 보면 때론 여유도 잃어버리고 남편에게 섭섭하고 다툴 일이 많아지기도 하는데 그럴 때마다 '하나님께 일러바치기'를 해보면 어떨까? 재판관 되신 하나님은 참 좋은 분이셔서 언제나 공평한 재판을 해주실 뿐만 아니라, 재판에서 패소한 자의 마음까지 헤아려주셔서 다시금 성경적 법칙에 맞게 살 수 있도록 힘을 주신다.

얼마 전 성경을 읽고 정리하다가 이 말씀을 읽는데 오래전 믿음의 여인들의 모습이 그려지면서 눈물이 났다.

오직 마음에 숨은 사람을 온유하고 안정한 심령의 썩지 아니할 것으로 하라 이는 하나님 앞에 값진 것이니라 전에 하나님께 소망을 두었던 거룩한 부녀들도 이와 같이 자기 남편에게 순종함으로 자기를 단장하였나니 벧전 3:4,5

그때나 지금이나 아무리 시대가 변해도 하나님께 소망을 두고 하나님을 따랐던 여인들의 삶은 남편에게 순종하는 삶이다. 그것은 바로 하나님께서 세우신 권위를 인정하고 순복하는 삶이다. 내 소망이 하나님께 있기에, 믿음의 선배들이 그리 살았던 것처럼, 남편의 권위에 도전하려는 나는 죽고 남편에게 순종하며 온유하고 안정된 심령으로 섬기는 나로 살 수 있길 기도한다.

CHAPTER
3

하 나 님 만   의 지 하 는

눈 물 의   강 력

아픔은 능력이다

햇볕이 따갑도록 뜨겁고 더웠던 오후, 나는 막둥이들을 데리고 집 근처 계곡으로 물놀이를 하러 갔다. 못 보던 새로운 얼굴의 남매가 신나게 물놀이를 하고 있었다. 두 아이 다 하얀 얼굴에 이목구비가 뚜렷하니 잘생기고 예쁜 아이들이었다. 아이들의 엄마로 보이는 여자분은 말레이시아 화교(Malaysian Chinese) 같아 보였는데 그 엄마도 얼마나 예쁘게 생겼는지 내 눈에는 중국 영화배우 같았다.

그런데 조금 시간이 지나니 뭔가 이상하다는 느낌이 들었다. 남자아이는 의미 없는 소리를 반복해서 내고, 똑같은 행동을 물속에서 반복하고 있었다. 눈의 초점도 정확하지 않았다. 여자아이는 포도를 가져가서 물속에서 뱉었다가 먹었다가를 반복하고, 엄마와 의사소통도 잘되지 않는 것 같았다.

이 아이들은 우리가 들고 온 튜브가 마음에 들었는지 말없이 계속 들고 가려고도 했는데 그러면 아이들의 엄마는 화난 표정으로 혼을 냈다. 그럴 때마다 나는 엄마의 불편한 마음을 덜어주고 싶어서 연신 괜찮다고, 아무 문제 없다고 말해주곤 했다.

그렇게 계곡에서 처음 만난 두 아이는 그 후로도 자주 볼 수 있었는데 어느 날은 아이들의 엄마 대신 메이드로 보이는 여자분이 같이 왔길래 대화를 시도해 보았다. 이런저런 얘기를 주고받다가 혹시 아이들이 어디 아픈 데가 있는지 물어보았더니 그 메이드가 "Yeah, they are special"이라고 말했다. 단번에 무슨 뜻인지 알아들을 수 있었다. 혹시 두 아이 모두 그런지 다시 확인해보니 둘 다 특수학교에 다닌다고 했다.

그 순간, 내 마음이 너무 아팠다. 두 아이 모두 정신적인 장애를 가지고 있다니. 그 엄마는 그동안 얼마나 많은 눈물을 흘렸을까? 얼마나 많은 좌절과 슬픔을 겪었을까? 우리 아이들은 아무것도 모르고 신나게 물속에서 놀고 있었지만, 나는 마음이 너무 먹먹하고 슬퍼서 눈물이 쏟아질 것 같았다.

며칠 후에는 그 아이들의 엄마와 아빠도 함께 계곡에 나와 있었다. 아빠는 처음 봤는데, 키도 훤칠하고 멋진 분이었다. 그런데 아이들이 계속 소리를 내고 하니까 힐끗힐끗 눈치를 살피시는 것 같았다. 그것을 보니 더 마음이 아팠다. 그 아빠의 모습이 꼭 몇 달

전 내 모습 같았다. 로이의 틱 소리 때문에 다른 사람에게 방해가 될까 봐 고개 숙이며 눈치를 보던 나와 똑같았다.

순간 나는 소리치고 싶었다. '괜찮아요! 정말 괜찮아요! 눈치 안 보셔도 돼요. 아니, 제발 눈치 보지 마세요. 안 그러셔도 돼요. 제 앞에서만은 안 그러셔도 돼요. 저는 그 아픔을 아는 엄마예요'라고.

아이들이 우리 물놀이용품을 가져가려고 하니 그 아빠가 아이들을 그러지 못하게 막길래 나는 "It's ok, No problem"이라고 반복해 말하며 아이들이 가지고 놀 수 있게 해주었다. 다 놀고 서로 헤어질 때, 나는 다른 말은 할 수 없었지만 환한 미소를 지으며 힘내시라고 속으로 응원해드렸다.

이 일이 있고 며칠 뒤, 혼자서 걷기 운동을 하고 있었는데 그 두 아이의 가족이 생각나면서 눈물이 쏟아지기 시작했다. 하나님께서 당신의 아픈 마음을 막 내게 쏟아 부어주시는 것 같았다. 누가 보면 미친 사람이라고 손가락질했겠지만, 나는 걸어가며 하나님 앞에 눈물로 막 매달리며 기도하기 시작했다.

"하나님, 이 땅에, 아니 열방에 정신적으로 고통받는 아이들이 많이 있어요. 자폐장애, 정신지체, 발달장애, 이런 아이들은 어떻게 해요? 이 아이들도 복음이 들려서 예수님을 영접할 수 있나요? 하나님, 제발 이 아이들도 구원해주세요! 하나님, 제발 구원해주세요!"

그러고는 엉엉 울면서 걸어갔다.

이 일을 통해 하나님께서 깨닫게 해주신 것이 있다. 그것은 '아픔은 능력'이라는 사실이다. 내가 아팠던 것, 내가 힘들었던 것, 내가 울었던 것, 그 모두가 우리에게 능력이 된다. 그 일을 경험해보지 못한 사람에게서는 결코 나올 수 없는 능력이다. 한국에 와서 시어머니께서 다니시는 시골 교회의 주일예배에 참석했을 때 목사님께서 이런 말씀을 하셨다.

"교통사고로 자식을 잃은 부모의 마음을 누가 가장 잘 위로해줄 수 있을까요? 그건 바로, 똑같이 교통사고로 자식을 잃어본 부모가 아닐까요? 그런 부모가 와서 해주는 위로가 정말 그들을 위로할 수 있지 않을까요?"

목사님의 말씀이 맞다. 직접 경험해보지 않으면 우리는 잘 모를 때가 많다. 나 역시도 로이의 틱장애로 울고 울었던 시간을 가져보지 못했다면, 정신적으로 아픈 아이들과 그 부모들의 아픔을 헤아리지도 품지도 못했을 것이다. 그러면서 하나님 앞에 무서운(?) 기도를 올려드리게 되었다.

'하나님, 이 땅에 나그네로 잠시 사는 인생 가운데서 제게 아픔의 능력이 많기를 소망합니다. 제 삶 가운데서 공감하고 헤아리는 아픔이 많아진다는 건 성도로서 큰 축복인 것 같습니다. 주님, 저를 사용하여주옵소서.'

물음의 영성

아이들을 다 재우고 침대에 누워 있던 내 입에서 기도가 터져 나오기 시작했다.

"하나님, 우리가 말씀에 주의하고자 시작한 홈스쿨 아닙니까? 하나님께서 감동 주셔서 시작한 홈스쿨 아닙니까? 저는 주님의 종인데, 종은 주인이 시키는 일을 하는 사람 아닙니까? 하나님이 제 주인님이시라면 이렇게 해라 저렇게 해라, 일을 시켜주시고 가르쳐주셔야 제가 할 수 있지 않습니까? 하나님, 전 아이들 홈스쿨을 어떻게 해야 할지 아무것도 모르겠습니다. 정말 모르겠습니다. 주님, 제게 가르쳐주세요. 바보인 제가 제발 알아듣게 가르쳐주세요."

학교를 그만두고 홈스쿨을 다시 시작하긴 했는데, 우리의 홈스쿨은 한국에서 그랬던 것처럼 오전에 말씀 읽고 묵상하고 암송하고 나면 온종일 자유롭게 노는 시간의 연속이었다. 처음에는 그토록 하고 싶었던 대로 여유롭게 집중해서 말씀을 공부할 수 있어서 좋았지만, 시간이 흐를수록 이제 중1이 되는 첫째와 큰아이들을 보면서 마음이 불안하고 조급해지기 시작했다. 무언가 더 하기는 해야겠는데 뭘 더 해야 하는지는 모르겠다는 답답함이 나를 억눌렀다.

그때부터 나는 '괴물 엄마'가 되어갔다. 우리 아이들이 세상에 나가서 변변한 직장도 구하지 못하고, 가장으로서 가족들을 부양할 능력도 없는 게으르고 나태한 모습으로 자라는 모습이 어느새 이미지로 그려지면서 두려움은 더해만 갔다. 그래서, 의도하진 않았지만, 나도 모르게 아이들을 못살게 굴기 시작했다. 조금이라도 늦잠을 자면 이래서 되겠냐고 잔소리를 퍼붓고, 어느 날은 즉흥적으로 저걸 하라고 했다가 다음날은 이걸 하라고 했다가, 정신없는 엄마가 되어가고 있었다.

신앙적으로도 잘 키우고 학습적으로도 잘 키워서 '두 마리의 토끼'를 동시에 잡아야 한다는 압박감이 나를 점점 짓눌렀다. 그리고 큰아이들을 생각하면서 '이 정도의 대학은 가야 하지 않나'라는 나만의 목표가 생겨나고, 그 목표를 위해서 뭘 준비해야 할지 능력도 되지 않으면서 이리저리 알아보며 분주했다.

남편과 내가 지은 홈스쿨의 이름이 '천국을 누리는 Heavenly Homeschool'이었는데 점점 지옥과 같은 홈스쿨이 되어가고 있었다. 나의 죄성만 더해가는 시간에 나도 지쳐갔다.

괴물 엄마를 벗어버리게 하는 눈물

이런 내 모습을 본 남편이 이런 말을 했다.

"여보, 다 때가 있어. 하나님께는 다 계획이 있으셔. 왜 당신은 그렇게 믿지 못하고 혼자 난리를 치고 있나? 여보, 하나님을 믿어. 난 우리 아이들이 실컷 잘 놀았으면 좋겠어. 잘 놀다가 어느 날, '아버지, 이제 공부를 좀 해야겠습니다' 할 때, '아니, 벌써 공부를 하려고 그러냐? 좀 더 놀아라', '아닙니다, 아버지. 이제는 공부를 좀 해야겠습니다' 이랬으면 좋겠어. 아이들이 자라면서 지적 욕구도 같이 자라는 거야."

남편의 말이 맞았다. 내가 '괴물 엄마'가 되어 가고 있을 때, 나는 믿음도 함께 잃어버렸다. 사단이 넣어주는 두려움에 벌벌 떨며 하나님의 손이 아이들을 붙잡고 인도해가시는 것을 보지 못하고 믿지도 못하고 있었다. 기도하는 것 대신 뭔가를 계속 검색하려던 것도 그만두고, 아이들을 재우고 기도하러 작은방에 들어갔다. 눈물만 쏟아졌다.

"하나님, 지금까지 제가 뭔가를 한다고 했지만, 잠언 14장 1절 '지혜로운 여인은 자기 집을 세우되 미련한 여인은 자기 손으로 그것으로 허느니라'라는 말씀처럼 무너뜨리기 일쑤였던 제가 아닙니까? 하나님께서 아이들을 만져 놓으시면 제 죄성이 아이들에게 상처를 주고 무너뜨리고, 하나님께서 우리 가정을 세워놓으시면 제 죄성이 그것들을 허물어버리듯이 집안 분위기를 차갑게 만들어버리고…. 저는 그런 자였습니다. 흑흑흑."

내가 어떤 자였는지 눈물로 돌아보고 회개하는 시간을 통해 하나님께서는 '괴물 엄마'의 모습을 벗어버리게 하시고 다시금 주님을 향한 '신뢰'와 '인내'를 부어주셨다. 그리고 우연히 어떤 책을 알게 하시고 읽게 하셨다. 미국 언스쿨링(unschooling. 학교 교육이 중심이 아니라 학생이 원하는 것을 원하는 때에 학습하도록 하는 학습자 중심의 교육 철학 또는 그런 체계) 가정들의 이야기인 《우리의 자녀 학교 보내지 말라!》라는 책이었다.

책 전반부에는 주로 미국적인 상황의 이야기들이 많아서 별 감흥 없이 읽고 있었는데, 책 후반부에 언스쿨링 가정들의 실제 사례들을 읽다가 눈물이 쏟아졌다. '로리 플렘'이라는 엄마가 쓴 글이었는데 구절구절마다 공감되는 이야기가 너무 많고 무엇보다 그 엄마의 삶이 내 모습과 너무 똑같아서, 상상해보니 더욱 눈물이 났다.

친절하게 다음 할 일을 알려주는 누군가나 어떤 커리큘럼을 의지하기를 멈추고, 우리 아이들을 향한 주님의 비전을 깨닫기 위하여 하나님을 바라보아야 할 필요가 있었다. ⋯ 그것은 정말 아무 활동도 인위적으로 하지 않는 것이었다. 오직 주님만을 기다리면서 아이들이 창의적인 모험으로 들어가기 위해 지루하고 무미건조한 기간을 통과해야 했다. ⋯ 그러면서 '과연 아이들이 무엇인가에 대하여 자발적인 관심을 보여줄 수 있을까?' 하고 스스로 의아해하였다. 그러나 비록 나는 그렇지 못할지라도 하나님께서는 언제나 신실하시다. 약 두 달 동안 주님께 인도하심을 간청하고 남편의 격려를 요청하며 지냈다. 그러던 어느 날 11세이던 아들 존이 조각칼로 뭔가를 새겨도 좋은지 무심코 묻는 것이었다. 잠시 후, 아들이 뭔가 창의적인 것에 드디어 관심을 보이기 시작했다는 것을 깨달았다. 야호! 만세! … 프로그램 계획표를 한쪽으로 밀쳐놓고, '우리 지혜'를 따르는 대신 하나님의 인도하심을 따르면서 하나님께서 '우리 길을 지도하시도록' 내어드리시길.[1]

하나님께서 내게 요구하시는 대로, 이렇게 오직 주님만 바라보고 나아갔던 믿음의 선배들이 있다는 사실이 내게 큰 위로와 용기를 주어 나도 기도하며 그들처럼 주님을 기다리기 시작했다.

단번에 길을 여시는 하나님

아이들 오전 경건 훈련을 끝내고 점심을 먹이고 치우고 나면 오후에는 누워서 쉬는 시간도 가졌는데 그 시간에 가끔 큰아들 세이가 찾아와서 옆에 누워 이렇게 묻곤 했다.

"어머니, 저는 앞으로 무얼 해야 할까요? 어머니, 저는 앞으로 무엇을 공부해야 할까요?"

---

1) 엘리사 M. 월, 테리 J. 브라운, 《우리의 자녀 학교 보내지 말라!》, 임종원 역(꿈을이루는사람들, 2007), p.118-119.

"세이야, 어머니도 모른다. 어머니도 기도하면서 주님의 답을 기다리는 중이야. 그리고 너도 하나님께 여쭈어야 한다. 너를 향해 무슨 계획을 갖고 계시는지, 네가 무엇을 준비해야 하는지."

그렇게 세이는 답을 들을 수도 없는 질문들을 가지고 이따금씩 내게 찾아와 답답한 마음을 토해놓고 갔다.

그럴 때마다 아무 답을 해줄 수 없고, 어떻게 보면 무기력해 보이는 엄마였지만 눈물을 삼키면서도 세이가 알기를 바랐다. 때론 우리가 하나님께 여쭙고 대답을 듣기까지, 인도하심을 받기까지 많은 시간이 걸릴 수도 있지만, 늦어져서 망하는 것 같고 잘못되는 것 같더라도 그것이 둘러 가지도 않고 돌아가지도 않고 가장 안전하고 확실하게 빨리 가는 길임을….

세이 입장에서 생각해보면 참 답답했을 것 같다. 어머니도 모른다고 하고, 아버지도 가정예배 때 기도할 때마다 "우리는 이 아이들을 어떻게 키워야 할지, 무엇을 가르쳐야 할지 아무것도 모릅니다"라고 기도하시니 도대체 자기 인생은 어떻게 되는 것인가 싶지 않았을까?

어느 날은 세이가 기타를 치며 찬양을 부르고 있었는데 그것을 듣다가 너무 눈물이 났다.

"성령 하나님 나를 만지소서

상하고 깨어져 지친 나를 새롭게 하소서

성령의 바람 시들은 내 영 살리소서

성령 하나님 이 땅 고치소서 죄악의 어둠 속 헤매는 우리

태워 주소서 성령의 불로 세상 헛된 맘 태우소서

임하소서 성령 하나님이시여 지금 이곳에 임하소서

바람처럼 불처럼 성령이여 임하소서"

그러곤 얼마가 지났을까? 오후에 침대에 누워 쉬고 있는데, 세이가 와서 "어머니, 저 수학은 공부해보고 싶어요"라고 말했다.

"그래? 그럼 길을 한번 찾아보자."

기껏 아이가 수학을 공부해보고 싶다는데, 어떻게 시작해야 할지 무슨 문제집으로 해야 할지 알 수가 없었다. 나는 왜 이토록 바보 엄마인지….

어느 날, 우리 집에 놀러 오신 김집사님에게 무언가 조언을 들을 수 있을까 싶어서 여쭈어보았다.

"집사님, 저희 세이가 수학을 공부해보고 싶다는데 어떻게 하면 좋을까요?"

"아, 그래요? 그럼 일주일에 한 번씩 저희 집으로 보내세요. 제가 가르쳐줄게요."

수학을 전공하셨기에 단순히 조언을 얻으려고 말씀드린 것인데 직접 가르쳐주겠다고 하실 줄은 몰랐다. 하나님께서 그 마음을 부어주셨다고밖엔 해석이 되지 않았다. 이런 문제집을 사면 된다고

알려주시니 문제집 걱정도 덜었다. 그렇게 해서 세이는 수학 공부를 시작할 수 있었다.

그런데 말레이시아에 코로나 확진자가 급증하면서 이동 제한이 심해져서 한 달 정도 공부하고 나서는 수업을 들으러 갈 수가 없었다. 또다시 수학 공부가 막막해졌다. 하는 수 없이 기도만 하고 있는데 일본의 유선교사님에게서 연락이 왔다.

"사모님, MK들 사역하시는 선교사님이 계신데 학습지원을 해주신대요. 한 번 연락해보세요."

"정말요? 안 그래도 큰아이 수학 공부를 가르쳐주실 분을 찾고 있었어요. 정말 감사합니다."

그렇게 해서 'MK BEAM' 사역하시는 허 선교사님을 알게 되었고, 재능기부 섬김으로 세이의 수학과 과학을 가르쳐주실 두 분의 선생님을 만나게 되었다. 하나님은 오랫동안 수학과외를 해오신 베테랑이며 따뜻한 마음으로 가르쳐주시는 수학 선생님과 과학이 이렇게 재밌는 줄 몰랐다고 세이가 감탄할 정도로 잘 가르쳐주시는 과학 선생님을 붙여주셨다.

하나님께서 단번에 사람을 붙여주시고 길을 여시는 것을 보면서 또 눈물이 쏟아졌다. 지난날, 눈물로 인내하며 기다렸던 시간들이 스쳐 지나가면서 하나님께서 다 지켜보고 계셨고 다 알아보고 계셨고 다 일하고 계셨구나 생각하니 눈물만 났다. 그런데 그 눈물도 잠시, 나는 박수를 치며 하나님께 열광하며 환호했다.

"하나님, 정말 대단하세요! 제가 검색을 하고 알아본들 이런 정보를 알 수 있었을까요? 정말 하나님만이 정보왕이십니다! 하나님, 짱! 하나님, 최고!"

막 물개박수를 치며 하나님을 높여드리고, 하나님의 일하심에 행복해했다.

나는 내가 바보라서 좋다. 왜냐하면 하나님의 크고도 놀라운 그 권능의 일하심을 맛볼 수 있기 때문이다. 너무 황홀하고 너무 감격스럽다. 이보다 더 좋을 수가 없다.

틈날 때마다 세이에게 하는 말이 있다.

"세이야, 수학·과학 선생님으로부터 네가 받은 그 섬김과 사랑, 잊지 말고 너도 그 사랑을 꼭 흘려보내는 사람이 되어야 한다. 네가 잘 배워서, 네가 크면 너도 선교사님 자녀들 가르쳐주는 그 일을 꼭 하거라."

여쭈니 이르시되

어느 날 아침, 아이들이 깨기 전에 성경을 읽고 있을 때의 일이다. 사무엘하 5장 23절에서 "다윗이 여호와께 여쭈니 이르시되 올라가지 말고 그들 뒤로 돌아서 뽕나무 수풀 맞은 편에서 그들을 기습하되"를 읽는데 "여쭈니 이르시되"라는 구절이 유독 눈에 들어왔다.

성령께서 조명해주시는 것 같아서 계속해서 보고 있는데 그러는 동안 하나님의 아픈 마음이 내게 부어졌다.

우리가 여쭈어야 하나님께서 대답해주실 텐데, 오늘날 정보화 시대를 사는 사람들은 무슨 문제나 어려움이 생기면 하나님께 여쭙기 전에 검색을 통해서 그 해결방안을 찾아간다. 그런 모습에 대한 아버지의 안타까운 마음이 느껴졌다. 모든 영역에서 다 그렇겠지만, 자녀 양육에 관해서도 '검색 육아'라는 말이 나올 정도로 부모들이 하나님께 묻지 않는 시대가 되어가고 있다. 그러면서 지난날 나의 모습이 문득 생각났다. 아니, 성령께서 생각나게 해주셨다.

27세에 첫째를 낳았는데, 아이가 50일쯤 되었을 때부터 영아산통을 시작했다. 명확한 원인이 밝혀지지 않은 그 울음은 매일 오후 5시만 되면 시작되었는데 아이가 어디에 찔린 듯이 아주 고통스럽게 미친 듯이 우는 것이 특징이었다. 그 울음은 어떻게 해도 달래지지 않았고, 최소 1시간에서 2시간 정도 자기 울음의 양을 다 채워야 끝이 났다.

아이는 너무 고통스럽게 울어대는데 어떻게 해도 달랠 수가 없으니 스물일곱 살 젊은 엄마였던 나는 육아에 대한 자신감을 모두 잃어버리고 말았다. 아이가 울면 자연스럽게 기저귀를 갈아주든지 젖을 먹이든지 해야 할 텐데 아이가 울면 어떻게 해야 할지를 몰라 두 손을 휘저으며 벌벌 떠는 엄마가 되고 말았다.

아이를 낳긴 낳았는데 그렇게 달랠 줄도 모르고 어떻게 키워야 할지는 더욱 막막했던 나에게 이 사람은 이렇게 키워라, 저 사람은 저렇게 키워라 하시고, 또 책을 읽으면 이 책에서는 이렇게 말하고 저 책에서는 저렇게 말하는데 그런 것이 나를 더욱 혼란스럽게 했다.

나는 어찌할 줄 모르는 바보 엄마였지만 내가 분명히 아는 사실 하나가 있었다. 그것은 하나님이 나에게 답해주시는 그것만이 오직 진리요 가장 확실한 정답이라는 것이었다. 그래서 어떻게 키워야 할지 모르는 울분과 답답함이 극도에 달했던 어느 금요기도회 때, 나는 하나님께서 대답하지 않으시면 이 자리를 떠나지 않겠다는 각오를 하고 부르짖어 기도하기 시작했다. 한참을 울면서 기도하는데 하나님의 음성이 들려왔다.

'사랑하는 내 딸아, 말씀으로 키워다오.'

그러면서 그 당시에 정확하게 알진 못했지만 어렴풋이 알고 있었던 디모데후서 3장 16,17절 말씀이 생각나게 해주셨다.

모든 성경은 하나님의 감동으로 된 것으로 교훈과 책망과 바르게 함과 의로 교육하기에 유익하니 이는 하나님의 사람으로 온전하게 하며 모든 선한 일을 행할 능력을 갖추게 하려 함이라

"하나님. 저는요, 이 아이가 하나님의 사람으로 온전하게 클 수만 있다면, 한 성도로서 모든 선한 일을 행할 능력을 갖출 수만 있다면요, 그렇게 키울 수만 있다면 그걸로 충분해요. 더 이상 바랄 것이 없어요. 이제 됐어요. 하나님, 감사합니다!"

말씀으로 키운다는 것이 정확하게 구체적으로 어떻게 해야 할 것인지 그때에 다 알지는 못했지만, 하나님께서 내 눈물의 물음에 답을 해주셨다는 것만으로도 나는 너무나 기뻤다. 나는 뭔가를 검색해서 원하는 결과를 도출해내고 적용하는 능력이 부족한 사람이었지만, '말씀 자녀양육'으로 검색을 하니 하나님께서 '303비전성경암송학교'를 알게 하셨다. 그리고 집 주위 가까운 교회에서 '유니게 과정'을 수료하면서 말씀으로 자녀를 키우는 것에 눈을 뜰 수 있었다.

하나님께서 "여쭈니 이르시되"라는 말씀을 내게 비춰주시면서, "이것을 네가 전해달라"라고 말씀하시는 것 같았다.

'이 아이의 주인은 바로 나인데, 왜 나에게 묻지 않느냐?
이 아이를 향한 완벽한 계획이 바로 나에게 있는데,

왜 나에게 묻지 않느냐?

나에게 물어야 내가 대답을 할 텐데

나에게 물어야 내가 가르쳐줄 텐데

왜 나에게 묻지 않느냐?'

아무리 정보화 시대에 정보가 넘쳐난다고 해도, 우리가 알아야 할 정보는 하나님께 있다. 하나님의 정보력을 맛본 부모들은 컴퓨터나 핸드폰에 접속하기보다 하나님께 접속하러 가게 되어 있다. 하나님은 그에 알맞은 정보를 새롭게 창출해내서라도 그 일을 해결해주실 능력이 있으신 것을 알기 때문이며, 하나님으로부터의 정보력보다 더 정확하고 더욱 탁월한 정보는 없음을 알기 때문이다. 그래서 기도할 곳을 찾아 각티슈 하나 갖다 놓고 하나님을 찾는다. 하나님나라의 정보는 접속도 참 쉽다. 언제 어디서든지 다른 어떤 것도 필요 없고 주님의 이름을 부르며 말씀드리면 된다.

원하는 결과를 바로 찾지 못하고 바로 듣지 못할 수도 있다. 그런데 신비하다. 그럼에도 실망스럽지 않고 나의 어려움과 질문, 문제들을 말씀드린 것만으로도 만족스러운 이것을 어떻게 표현할 수 있을까? 그리고 반드시 어느 날 하나님으로부터 제공된 정보에 눈물을 흘리며 물개박수를 치며 하나님 최고라고 울게 되어 있다.

은혜에 의지하라

아이들을 키운다는 것에 점점 자신감을 잃어가던 때, 하나님께서는 책 한 권을 알게 해주셨다. 그것은 폴 트립 목사님의 《완벽한 부모는 없다》라는 책이었다. 책을 읽으면서 목사님의 글을 사랑하게 되었다. 부모라면 누구나 공감할 수 있는 상황들에 웃음이 지어지기도 했고, 또 부모 된 우리에게 얹힌 양육의 무거운 짐이 '하나님의 은혜'라는 관점에서 벗어지고, 역시나 하나님을 더욱 의지하는 것밖엔 없다는 것을 확인하는 시간이 되었다.

··· 모든 인간은 하나님을 의지하도록 창조되었다. 그러므로 하나님께 의지할 수밖에 없는 것, 부모로서 무능하고 부덕하다고 느끼는 것을 인간의 약점으로 이해하지 말아야 한다.

당신이 그토록 부족함을 느끼는 이유는 인간이기 때문이다. 부모의 역할을 제대로 하기 위한 지혜와 자비, 인내와 끈기를 처음부터 지니고 태어나는 사람은 없다. 우리가 스스로 의로워질 수 없듯이, 이런 미덕을 가지고 태어난다는 것은 환상에 불과하다. 그러므로 부족함을 느끼더라도 너무 괴로워 말라. 그것은 인간으로서 너무도 당연한 것이다!

이제 당신의 마음속에 한 가지 의문이 들 것이다. 완벽하신 하나님께서 왜 부족한 우리에게 이토록 중요한 자녀양육의 임무를 맡기신 걸까?

그 이유를 제대로 이해하는 것이 중요하다. 하나님께서 부족한 우리에게 중요한 임무를 맡기신 이유는 우리의 완벽한 성공을 위함이 아니다. 그 임무를 수행하는 과정에서 우리가 하나님을 만나고, 사랑하고, 그분의 은혜에 의지하고, 하나님께 영광 돌리는 삶을 살게 하시려는 것이다.[2]

나는 아이들을 키워오면서 하나님께 내가 탁월하게 아이들을 잘 키우는 부모가 되기를 간절히 기도했었다. 그래서 어느 날은 하나님께 하소연했다.

"하나님, 맨날 모르겠다고 하는 그런 바보 엄마 말고요, 좀 아는 것도 많고 깊이도 있고 전문적이고 탁월함도 있어서 엄마들에게 잘 조언하고 코치할 수 있는 그런 제가 되었으면 좋겠어요. 우리 아이들한테도 그런 엄마의 모습을 보여주고 싶어요. 맨날 울기만 하는 울보 엄마 말고요…."

그런데 내 마음에 들려오는 주님의 대답은 "No!"였다.

---

2) 폴 트립, 《완벽한 부모는 없다》, 김윤희 역(생명의말씀사, 2017), p.48.

'사랑하는 내 딸아, 나는 네가 바보라서 좋단다.

모르니까 늘 나에게 와서 가르쳐달라고 묻는 네가 내겐 귀하다.

그리고 너는 할 수 없다고 늘 나의 능력을 구하며

내 앞에서 우는 울보라서 네가 좋단다.

너에게 내가 살아있음을, 나의 큰 능력을 보여줄 수 있으니까….

사랑하는 내 딸아,

앞으로도 계속 너는 바보 엄마이고 울보 엄마이지만

내가 어떻게 너를 돕고 어떻게 너에게 역사하였는지를

전해주는 삶을 살아다오.'

아버지께서 내가 바보라서, 내가 울보라서 더 좋다고 하시니 주님 앞에 가기까지 남은 인생도 나의 약함을 자랑하는 삶을 살아야겠구나, 이것이 하나님께서 나에게 원하시는 삶이구나… 하고 깨닫게 되었다. 그러면서 세상에서는 조롱받고 무시당하는 '바보, 울보'를 하나님께서는 어떻게 더욱 귀히 여기시는지 그 은혜가 너무도 커서, 아…, 이런 아버지를 사랑할 수밖에 없어서, 최고라고 '엄지척!' 해드릴 수밖에 없어서 눈물이 쏟아졌다.

여호와는 말의 힘이 세다 하여 기뻐하지 아니하시며 사람의 다리가 억세다 하여 기뻐하지 아니하시고 여호와는 자기를 경외하는 자들과 그

의 인자하심을 바라는 자들을 기뻐하시는도다 시 147:10,11

혹시 '완벽한 부모'를 꿈꾸는 부모들이 있는가? 아니면 완벽하기는커녕 부모 노릇도 제대로 못 하는 것 같은 자괴감에 마음 아파하는 부모들이 있는가? "그분은 자신의 부족함을 인정하고 하나님께 무릎 꿇는 사람을 최고의 부모로 여기신다"라는 폴 트립 목사님의 말씀을 깊이 묵상해보았으면 좋겠다. 지금 우리에게 필요한 것은 그분의 은혜에 의지하는 것이다.

은혜로 승리하는 하루

어느 날 문득, 엄마가 되고 나서 나의 기도하는 모습이 점점 바뀌어갔다는 것을 깨닫게 되었다. 처음에는 그냥 손을 모으고 몸을 흔들며 기도하는 정도였는데 아이가 한 명씩 늘어날 때마다 간절함이 더해지고, 언제부턴가는 그냥 기도하는 것만으로는 내 마음을 다 표현하지 못하는 것 같아서 한 손을 들고 기도하기 시작했다가, 아이들이 많아질수록 한 손으로는 또 모자라서 두 손을 들고 기도하고 있었다.

기도하면서 우는 울음소리도 점점 커졌다는 것도 알게 되었다. 어느 목사님께서 '짐승 같은 울음소리'로라도 울면서 기도해야 한다고 말씀하셨는데 그 설교를 들으면서 '아, 나의 울음소리를 저렇게 표현할 수 있겠구나' 싶었다. 남편이 가끔 이런 말을 했었다.

"여보, 좀 살살 울면 안 돼? 사람들이 오해할까 봐 걱정되네."

남편의 마음도 이해되지 않는 것은 아니었으나 나로서는 어찌할 수가 없었다. 도저히 다 키워낼 수 없고 도저히 다 감당할 수가 없어서 나의 그 막막함과 절박함을 하나님 앞에 토해놓고 가지 않으면 나는 살 수가 없었다.

때로 우리가 교회에 나가서 기도하지 못할 때, 아주 짧은 기도에도 역사하는 힘이 크다는 것을 깨달은 적이 있다. 아침에 일어났는데 또 하루를 어떻게 살아가나 하는 염려와 주님 앞에 말씀드리고 싶은 기도들이 쌓여만 가고 있다는 답답함이 있던 날이었다. 산같이 쌓인 빨래를 분류하며 세탁기에 집어넣고 있는데, 눈물이 흐르면서 짧은 기도가 나왔다.

"하나님, 저에게는 오늘 하루를 살아갈 힘이 없어요. 아이들을 사랑할 힘이 없고요, 한 알의 밀알로 썩어질 힘도 없어요. 아버지, 어떻게 해요? 저 좀 도와주세요."

연애할 때부터 남편이 나에게 들려주었던 설교가 있었는데, 내가 도움을 구할 때 우리 주님이 빛보다 빨리 오셔서 도우신다는 말씀이었다. 힘을 내서 기도하러 가지도 못한 채 일상을 살아내야 하는 엄마의 그 짧은 눈물의 기도에 하나님께서는 정말로 신실하게 응답해주셨다.

어떻게 손을 쓰셨는지 알 수 없지만, 아이들에게 자비와 친절을 베풀 힘이 생겼고 미소 지을 여유도 생겼다. 맛나게 요리를 해서 아이들과 행복하게 밥을 먹었고, 어떻게 하루를 보내야 할지 지혜도 생겼다. 그날은 '은혜로 승리한 하루'였다.

힘도 없이 여유도 없이 하루하루를 겨우 살아내고 있는 엄마들에게 말해주고 싶다. 우리의 일상에서 짧은 기도를 통해서라도 하나님께 도움을 요청해보자고. 그리고 집을 둘러보며 나만의 기도실로 삼을 만한 곳이 어디 있을지 생각해보고, 길지 않더라도, 하루에 단 10분이라도 그곳에 가서 마음을 진솔하게 하나님께 말씀드리고 도움을 요청해보는 건 어떨까?

육아의 시기는 최고의 영적 부흥기

사람들은 아이들을 양육하는 시기가 '영적 침체기'라고 하였지만, 나는 아이들을 키우는 것을 통해 내 생애 최고의 '영적 부흥기'를 경험하였고, 지금, 그리고 앞으로도 그러하리라 생각한다.

"선 줄로 생각하면 넘어질까 조심하라"(고전 10:13)라는 사도 바울의 말씀이 있지만, 아이들은 나로 하여금 한순간도 선 줄로 생각할 수 없게 하는 강력한 존재들이었다. 엄마인 나를 화나게 하는 데는 1급 자격증이라도 가진 것처럼 나에게는 예측불허의 영적 전쟁이다. 방심한 나머지 소리 한번 빽 지르게 되면, 주님과 대면할 것처럼 충만했던 것은 온데간데없고 나는 또 넘어진 자로 고개를 숙이게 되었다.

아이들은 나를 주님 앞에서 늘 겸손하게 해주는 고마운 존재들이다. 나로서는 방법과 대책이 없으니 하나님 앞에 구하고 우는 시간을 통해 살아계신 하나님을 만나고 경험하면서, 나의 믿음은 더욱 굳건해졌고 기도의 무릎은 더욱 강건해졌다. 어느 날, 남편에게 이런 고백을 했다.

"여보, 내가 이 여섯 아이의 엄마가 아니었다면 그렇게 기도 많이 했을까? 그렇게 많이 울 일이 있었을까? 책을 한 권 쓸 정도의 이야기들이 있었을까?"

아이들을 통해서 하나님께 더욱 가까이 나아갈 수 있었던 지난 시간이 참으로 감사하다. 그리고 사고뭉치 아이들 덕분에 나이가 들수록 세월이 지날수록 영적으로 침체되지 않고 더욱 주를 의지하고 찾고 구하는 자로 성숙시켜 주시고 영적 부흥기를 날로 누리게 하심에 감사할 뿐이다.

이 땅의 많은 엄마들 역시 아이를 키우는 이 시기로 인해서 절박한 기도가 터져 나오고, 때로는 짐승 같은 울음으로 주님께 매달려 보기도 하고, 그래서 결국에는 하나님만이 하실 수 있다고 고백하며 경배와 찬양을 올려드리는 영적 부흥기를 모두가 경험하기를 간절히 기도한다.

여호와께서는 자기에게 간구하는 모든 자 곧 진실하게 간구하는 모든 자에게 가까이 하시는도다. 그는 자기를 경외하는 자들의 소원을 이루시며 또 그들의 부르짖음을 들으사 구원하시리로다 시 145:18,19

무엇을 가르쳐야 할까?

홈스쿨러 엄마에게 최대 난점은 바로 하루 세 끼 식사를 준비하는 것이었다. 늘 체력적으로 힘들고 버거운 것은 사실이지만 그것 또한 유익이 크다는 것을 알게 되었다. 세 끼 중 한 끼는 과일과 야채를 많이 먹자고 해서 아침은 '생채식'으로 했는데 푸른 채소에 견과류와 과일을 넣고 쌈을 싸서 먹고 다양한 과일들로 맛있게(?) 먹으려고 했다. 거기다가 불린 생현미를 씹어 먹으면서 현미의 그 대단한 효능을 기대했다.

아이들은 그렇게 과일, 야채를 먹고 현미를 씹어 먹으면서 "난 나중에 아이들을 낳아서 아기들 이유식 끝나면 이렇게 생채식을 먹일 거야!"이런 말을 자주 하곤 했다. 그러면 어린 아기들은 못 먹는다고, 그러면 안 된다고 큰일 난다고 손을 내저으면서 같이 웃곤 했다. 그러고 보니 '건강'을 지키기 위해서 몸에 좋은 음식들을 먹는 습관도 참으로 필요한 공부구나 싶었다.

그리고 별것 아닌 것 같지만, 아이들과 함께 식사하려고 모이면, 다양한 주제와 영역에 관해 대화를 나누게 되는데 식탁 앞에 앉아서 이런저런 이야기들을 할 수 있다는 것이 감사했다.

아이들이 어릴 때, 어떻게 양육해야 할지 여쭈며 뜨겁게 기도할 때 하나님께서 내게 떠오르게 하신 단어가 있었는데 그것은 '제자 삼는 자녀 양육'이었다. 그런데 홈스쿨을 하다 보니 아이들과 온종일 함께하는 이 삶이 예수님이 제자들과 함께 먹고 마시고 생활하셨던 그 모습 같다는 것을 문득 깨닫게 되었다. 때로는 아이들에게 하루 종일 내 모습을 보인다는 것이 많이 버거웠지만 그것을 통해서 믿는 성도의 삶이 어떠해야 하는지를 보여주고 가르쳐줄 수 있겠다 싶었다.

첫째 세이가 아홉 살이 될 때까지 동생들과 홈스쿨을 했고, 말레이시아로 선교 가서는 4년 정도 학교를 보냈다가 다시 학교를 그만두게 하고 홈스쿨을 시작했다. 참 대책 없는 홈스쿨이었지만 아이들과 함께하는 시간 속에서 하나님께서 가르쳐주신 것이 있었다. 그것은 삶을 교과서 삼아 그때그때 하나님께서 기회를 주시는 대로 아이들에게 가르치고 서로 대화하는 공부였다.

제자 삼는 자녀 양육

언젠가 거실에서 세이와 이런 이야기를 나누었다.

"세이야, 결혼해서 부부가 살다 보면 치약을 앞에서부터 짜니, 뒤에서부터 짜니 이런 아주 사소한 걸로 싸울 수도 있고 그런 사소한 것들이 쌓여서 이혼하기도 한단다. 그런데 서로 각자 다른 환경에서 자라온 남녀가 어찌 100퍼센트 딱 맞을 수 있겠니? 갈등이 있고 다툼이 있을 수 있겠지만, 예수님을 믿는 부부는 기도하면서 서로에게 맞춰가고 어려움을 극복해가는 거지."

"맞아요, 어머니하고 아버지도 의견 차이가 있을 때도 있지만 또 화해하고 그러시잖아요."

"그래. 그리고 사랑은 끝까지 지키는 약속이야. 앞으로 네가 결혼해서도 네 아내와 안 맞는 부분이 있더라도 너무 놀라지 말고, 어떻게 맞춰가고 어떻게 해결해갈 것인지를 기도하면서 지혜를 구했으면 좋겠다."

그리고 큰 아이들이 설거지를 열심히 하고 있을 때 종종 이렇게 얘기해주곤 했다.

"애들아, 나중에 커서 결혼을 하면 직장 갔다 와서 너희도 피곤하고 힘들겠지만 이렇게 설거지도 도와주고 그러렴. 아내들은 하루 종일 아이들 돌보면서 남편만 기다리고 남편이 퇴근해서 오면 뭐라도 도와주기를 얼마나 바라겠니? 그런데 이렇게 설거지도 도와주고 하면, 역시 우리 남편 최고라고 감동하지 않겠니? 지금부터 이렇게 설거지를 훈련했으니까 나중에 커서도 아내를 많이 도와줄 수 있을 거야.”

“아, 당연하죠. 제 아내는 저 만나서 정말 행복해 할 거예요.”

능글맞게 말하는 아들의 말에 웃음이 났지만 정말 건강한 가정을 잘 꾸려서 아내와 아이들과 하하호호 웃는 행복한 가정이 되길 바라는 기도가 속에서 절로 나왔다.

어느 날, 세이와 함께 성경을 읽고 정리하기 위해 식탁에 앉았는데 세이가 성경을 펴자마자 바로 읽기 시작하는 것이었다. 그래서 아이에게 이렇게 말해주었다.

“세이야, 앞으로는 성경 읽기 전에 기도를 먼저 하고 시작하거라. 그냥 읽는 것이 중요한 것이 아니라 성령님께 오늘 말씀을 읽을 때 깨닫게 해주시고 눈을 열어서 보게 해달라고, 은혜를 달라고 기도하고 읽는 것이 중요한 것 같다. 어머니는 늘 그렇게 기도하고 나서 성경을 읽는단다.”

그리고 나서 며칠이 지났는데 “어머니, 저 어머니가 가르쳐주신 대로 성경 읽기 전에 기도 먼저 하고 읽었더니 확실히 다른 것 같아요! 좋아요!”라는 것이었다. 그 말을 들으며 나도 너무 기뻤다. 그러면서 ‘아직도 내가 가르쳐주지 못한 것들이 많이 있구나. 아주 사소한 것이라도 무엇을 더 가르쳐줘야 하는지 하나님께 묻고, 기회를 주시고 은혜 주시길 기도해야겠다’ 싶었다.

일생에 배울 것을 일상에서 가르친다

한국에 와서 기본적으로 필요한 살림살이를 마련하는 데 '당근 마켓'이라는 앱이 참 유용했다. 그것을 통해 여러 가지를 무료로 나눔 받기도 하고 저렴한 가격에 사기도 했다. 그러면서 장롱과 책 장과 같이 우리 차에 실리지 않는 것들은 용달을 이용하기도 했는 데 젊은 청년인 용달 사장님이 땀을 뻘뻘 흘리면서도 인상 한 번 쓰 지 않고 참 친절하고 성실하게 해주셨다.

'오늘날 청년들이 힘든 일은 하지 않으려고 한다던데 저렇게 궂 은일도 열심히 하는 모습이 참 보기 좋네.'

처음에는 이렇게만 생각했는데 곧이어 이런 마음이 들었다.

'앞으로 교회에서도 그렇지 않을까? 앞으로 젊은이들이 교회의 궂은일, 힘든 일, 하기 싫은 일은 하지 않으려고 하진 않을까? 일 도 안 해본 사람은 엄두를 못 낼 텐데, 남들은 하지 않으려고 해도 우리 아이들은 묵묵히 교회 일을 잘 감당하는 사람이 되었으면 좋 겠다.'

그러면서 아이들이 열심히 집안일을 하는 모습이 떠올랐다. 첫째 부터 셋째까지 돌아가면서 설거지를 담당하는데, 8인 가족의 설거 지는 간혹 무서울 정도로 많기도 하다. 설거지를 하다 보니 큰아 이들은 거의 반 주부다. TV에서 접시나 그릇에 묻어 있는 찌꺼기를 애벌로 씻을 필요도 없이 그냥 넣기만 하면 강력한 물줄기로 씻어

내는 식기세척기 광고를 보더니 흥분해서 "어머니, 아버지! 우리 저거 사요! 저게 필요해요!"라고 말하기도 하고, 얼마 전 주방세제를 바꾸었더니 "어머니, 이 세제 좋네. 거품도 잘 나고 깨끗하게 잘 씻기고…"라며 마음에 들어 하기도 했다.

처음에는 나 혼자 하기 버겁고 때론 쓰러질 때도 있어서 남편이 집안일을 분담하고 아이들에게 집안일을 가르쳤다. 위의 큰 아이들은 물론이고 막내도 5살부터는 자기 빨래를 자기가 개어서 자기 옷장에 넣는 것으로 집안일을 시작했다. 그리고 아이들 모두 자기 연령에 맞게 식사 준비부터 그릇 넣기, 이불 개기, 분리수거, 건조기 돌리기, 건조한 빨래 들고 오기, 이불 펴기 등 아주 사소한 것들까지 나누어 맡아서 일하고 있다. 지금은 집안일을 통해서 가족을 섬기지만, 훗날 아이들이 커서도 교회를 섬기고 이웃을 섬기는 데 궂은일을 마다하지 않는 일꾼들로 자라나기를 기도한다.

참 감사한 것은, 하나님께서 홈스쿨의 교장으로서 내가 생각지도 못한 '가르칠 기회'를 그때그때 주신다는 것이다. 그래서 가끔은 '오늘은 일상을 살아가면서 무엇을 가르치게 해주실까?' 하고 기대가 되기도 한다. 만약 아이들이 학교에 가고 함께 있는 시간이 많지 않았다면 이런 기회들이 별로 없었을 텐데 온종일 함께하니 어떤 때에든지 아이들이 인생을 살아가면서 필요하고 배워야 할 것들을 일상에서 가르칠 수 있다는 것이 홈스쿨의 묘미가 아닐까 싶다.

나는 무지해도 하나님이 배우게 해주신다

막둥이들 한글을 가르치면서 교육에 관한 내 생각이 바뀌게 된 일이 있었다. 내가 생각하는 이상적인 공부란 책상에 바르게 앉아서 연필을 쥐고 공책에 잘 쓰면서 배우는 것이었는데 로이와 예이는 이런 공부를 싫어해서 시작한 지 얼마 되지 않아 금세 싫증을 내며 그만하자고 했다. 그런데 신기하게도, 우리가 '계곡'이라고 부르는 곳에 물놀이하러 갔을 때 조금 놀다가는 튼튼한 나뭇가지를 하나씩 주워오더니 모래 위에 한글 쓰기를 하자고 했다. 그렇게 시작한 한글 공부는 30분은 기본이고 1시간도 훌쩍 넘기곤 했다. 그렇게 몇 달 동안 모래 위에 썼다 지웠다를 반복하며 나뭇가지로 한글 공부를 마스터했다.

어느 날은, 조이가 큰방에서 팝송에 심취해 열창하고 있었다. 뭐하는지 궁금하기도 했고, 나도 잠시 누워서 쉬기도 할 요량으로 방에 들어가서 조이 옆에 누웠다. 조이는 아이패드에 깔린 음악 앱으로 열심히 팝송을 부르고 있었는데 박자도 맞고 발음도 정확하게 불러야 점수가 쌓이는 일명 '노래방' 기능의 앱이라고 했다.

"어머니, 팝송 부르는 게 영어 공부에 얼마나 도움이 되는지 몰라요."

내가 생각하는 영어 공부도 저런 모습이 아니었는데 조이는 감정을 잔뜩 실은 표정으로 열심히 팝송을 부르며 '영어 공부'를 하고 있었다.

바보 엄마의 대책 없는 홈스쿨이지만, 아이들이 인생을 살아가면서 필요한 것들을 인생의 선배로서 그리고 신앙의 선배로서 가르칠 것들이 있게 하심에 감사하고, 나는 비록 무지하나 하나님께서 아이들에게 배움의 욕구를 주시고 생각지도 못한 방법들로 기쁘게 배우게 하심에 감사할 뿐이다.

어쩌면 우리가 인생을 살아가는데 필요한 지식과 지혜 중에는 학교에서 교과서에서 배우지 못하는 것들이 더 많은 것 같다. 그래서 아이들이 성인이 되어 독립해서 우리 곁을 떠나기 전, 부모 된 우리가 아이들에게 꼭 가르쳐주고 싶은 것들이 무엇인지 한 번쯤 고민해보았으면 좋겠다.

우리 아이들에게 무엇이 필요할까? 건강한 믿음의 가정을 꾸리는 것, 자녀를 신앙으로 잘 키우는 것, 부부가 서로 사랑하며 살아가는 것, 성도로서 신앙생활 할 때 필요한 것들…. 우리가 아는 것들만이라도, 아주 사소한 것이라도, 부족하더라도 우리 품에 있을 때 부지런히 가르치고 또 가르치는 우리가 되길 소망한다. 그래서 아이들이 훗날 인생을 살아가다가 부모님이 말씀해주신 삶의 지혜들로 그들의 삶에 더욱 웃는 날이 많기를. 그 아이들은 우리보다 더 큰 일을 할 믿음의 세대로 일어서기를….

울어줄 부모가 필요하다

어느 날, 기도 가운데 하나님께 이렇게 여쭤본 적이 있었다.

"주님, 제가 봐도 저는 여섯 명의 아이를 키울 자격이 못 되는 엄마인데 이런 저에게 왜 이렇게 많은 아이를 맡겨주셨어요?"

나의 어깨를 토닥여주시는 듯한 따뜻한 음성이 내 안에 들려왔다.

'다른 사람들은 이 일을 하지 않으려고 하더구나.

그런데 너는 울면서 하겠다고 하더라.

그리고 사랑하는 내 딸아,

나는 이 아이들을 위해 울어줄 부모가 필요했다.

너는 이 아이들을 위해서 그렇게 눈물로 울어주잖니.'

"울어줄 부모가 필요했다"라는 주님의 음성을 생각할수록 어쩌면 그분의 생각은 사람의 생각과 이렇게 다른가 싶었다. 사람인 내 생각으로는 아이들을 키우려면 '감당할 만한 힘과 능력'이 필요하겠다 싶었으나, 하나님은 아이들을 영혼으로 끌어안고 우는 '눈물'이 필요하다 하셨다. 그리고는 어떤 장면을 생각나게 해주셨다. 예이가 아직 어릴 때였는데 예이를 위한 기도 중에 내 입에서 예이의 배우자를 위한 기도가 나오기 시작했다.

"하나님, 제가 결혼을 해보니 어떤 배우자를 만나느냐가 정말 중요한데 우리 예이는 정말 따뜻하게 품어주고 끝까지 사랑해줄 남자를 만나야 해요. 예이의 출생의 아픔도 덮어주고, 예이의 어떤 모습도 사랑으로 꼭 품어줄 남자를 만나야 해요. 남편의 사랑 속에서 우리 예이가 많이 행복했으면 좋겠습니다."

꺽꺽대는 울음으로 얼마나 뜨거운 눈물을 많이 쏟아냈는지 모른다. 그런데 하나님께서 그런 '부모의 눈물'이 필요하다고 하시니, 우는 거라면 자신이 있다고 괜한 자신감이 들었다.

여섯 남매를 키워오면서 아이들마다 한 명 한 명 울며 기도해야 할 일들이 많았는데, 울다 보니 깨닫게 된 것이 있었다. 그것은 내 마음을 아프게 하는 자녀의 문제는 지금 이 자녀를 위해서 기도를 쌓으라고 하시는, 이 자녀를 위해서 울어야 할 때라는 주님의 사인이었다. 내가 자녀를 위해서 기도한다고는 하지만 기도가 부족할 때가 많은데, 자녀에게 생겨나는 문제들을 통해서 그 아이를 위한 눈물의 분량을 채울 수 있고 그 아이를 위한 기도를 쌓을 수 있으니 이 또한 은혜이구나 싶었다. 그러면서 머릿속에 떠올려보니, 여섯 아이 모두 한 명 한 명에게 내가 절박한 눈물로 기도해야 할 사건들이 다 있었다.

부모이자 교사 된 우리는 이따금 다른 무언가가 더 중요할 것이라는 착각을 하기도 한다. 하지만 나에게 들려주신 "울어줄 부모가 필요했다"라는 주님의 음성을 다시 한번 묵상하면서, 아무리 시대가 변해도 하나님께서 우리에게 요구하시는 것은 자녀와 다음세대를 위해 눈물로 울어주는 것임을, 하나님은 그런 자를 찾으신다는 것을 잊지 말았으면 좋겠다.

내 눈에 당신의 눈물을 부으소서!
이 아이를 향한 아버지의 긍휼을 내게 부어주소서!
"어찌할꼬" 가슴을 찢으며 이 영혼을 구원해달라고 울부짖는 기도가 회복되게 하소서!

손바닥만큼의 위로

아무리 기다리고 어찌해봐도 비자는 나올 생각을 하지 않고, 불법체류 기간이 길어질수록 한국으로 들어가야 하나 고민이 되던 때, 아이들이 깨기 전 일찍 일어나 장롱 한구석에서 기도하고 있는데 갑자기 선교사님들이 떠올라서 꺽꺽대며 울기 시작했다.

코로나가 시작되고 나서 비자가 해결되지 않아 짐을 싸서 한국으로 들어갈 수밖에 없었던 선교사님들, 선교지에서 코로나로 순교하신 선교사님들, 코로나로 인해서 한국으로 귀국하신 선교사님들이 많다는 소식을 접했는데 언제 다시 선교지로 갈 수 있을지 기약 없는 기다림으로 버티고 계실 그분들이 생각나서 눈물이 쏟아졌다. 내가 같은 어려움을 겪게 되니 그분들의 눈물이 내 눈물이 되고, 목메어 울면서 주님이 그분들을 헤아려주시길 중보할 수 있었다.

결국 한국행을 결정하고 한국에 들어와서 기본 살림살이를 마련한다고 정신없이 지내고 있는데 박선교사님이 남편에게 연락을 해오셨다.

"선교사님, 경기도 포천 하늘소망교회에서 선교사 초청 잔치를 하는데 꼭 오셔야 해요."

자녀들은 동반이 안 된다고 하셔서 아이들을 맡기고 모처럼 남편과 단둘이 포천으로 향했다. 교회로 들어서서 자리에 앉았는데 앞에 걸린 플래카드에 쓰인 글귀를 보는 순간 울컥했다.

'지친 어깨에 살포시 얹은 손바닥만큼의 위로'

손바닥만큼의 아주 작은 위로라도 되어주고 싶다는 교회의 진심이 전해지면서 그 마음이 너무나 감사해서 계속해서 눈물이 났다.

함께 찬양을 부르며 예배를 드리고, 예배 후에는 오신 선교사님들이 자신을 소개하고 기도제목들을 나누었다. 대부분의 선교사님들이 언제 사역지로 돌아갈 수 있을지 기약 없어 하며, 다음 사역을 위한 기도를 부탁하셨다. 그렇게 기도제목을 나누면서 선교사님들이 우시면 나도 같이 그렇게 눈물이 났다.

코로나 방역수칙을 따라 조별로 움직이며 교회에서 정해주신 식당에서 점심과 저녁 식사를 맛있게 먹고 포천 허브 아일랜드도 구경했다. 마지막에 교회에서 주시는 선물들을 받아서 돌아오는데 교회가 힘에 지나도록 섬기신 것이 느껴져서 과분한 섬김에 몸 둘 바를 모를 정도였다. 쌀 한 가마니, 포도 한 박스, 화장품 한 박스, 버섯 한 박스, 아로니아 한 박스, 남성 바지류, 거기다가 위로금 50만 원까지, 이렇게 다 받아도 될까 싶을 정도였다.

가장 감동이 되었던 것은 위로금 봉투에 목사님께서 직접 쓰신 글이었다.

'선교사님이 대한민국의 자랑입니다.
감사합니다. 사랑합니다. 축복합니다.'

선교사들을 위로하고 응원하시는 목사님의 마음이 느껴져서 참으로 큰 위로가 되었다.

그렇게 한가득 차에 싣고 다음 날 양산집으로 내려오면서 남편에게 이런 말을 했다.

"여보, 우리가 이렇게 과분한 섬김을 받고 보니 이 선교사님도, 저 선교사님도 오셔서 함께 누리셨으면 얼마나 좋았을까 하는 생각이 드네요."

선교사 초청 잔치에 오셨던 선교사님들은 대부분 각국에서 오랫동안 선교하신 레전드와 같으신 분들이셨는데 우리는 선교지에 있은 지 얼마 되지도 않아서, 이런 섬김을 받을 자격이 없는 우리를 어떻게 초청해주셨을까 하는 생각도 들었다.

그러면서 우리가 받은 이 사랑을 흘려보낼 수는 없을까를 고민하며 선교사님들을 섬길 아이디어를 나누기 시작했다. 남편은 무조건 1박은 하면 좋겠다고 했다. 5성급 좋은 호텔에서 숙박도 하고 저녁 집회도 하면 좋겠다고 했다. 장소는 어디가 좋을까 고민하면서, 남편은 간만에 너무나 신나는 일이라며 어린아이같이 흥분하며 기뻐했다.

선교사 힐링캠프

그런데 우리 둘만의 신나는 이야기로 그치는 게 아니라 일이 갑자기 커지고 현실화되기 시작했다. 규장출판사 여진구 대표님을 뵌 자리에서 포천에서 우리가 과분한 섬김을 받은 이야기부터 시작해서 우리도 이렇게 선교사님들을 섬기고 싶다는 마음을 말씀드릴 기회가 있었다. 생각지도 못했는데, 대표님이 너무 좋은 생각이라고 하시면서 시드머니(Seed money)로 100만 원을 드릴 테니 본격적으로 이 일을 시작해보시라고 하셨다.

그때 대표님께 너무 감사했던 것은, 남편이 선교사님들을 최고급으로 섬기고 싶다고, 5성급 호텔에 모시고 싶다고 했을 때 우리 마음을 헤아려주시고 "대접받는 느낌이 드시도록 최고급으로 해드리는 게 맞다"라고 동의해주신 것이다.

사실 "선교사님들이 무슨 5성급 호텔이냐"라고 하셨어도 우리는 아무 말씀도 드리지 못했을 텐데, 그렇게 우리 마음에 동감하며 말씀해주시니 같은 선교사 입장에서 너무 감사해서 속으로 울었다.

이렇게 여대표님의 100만 원 후원금으로 시작해서 후원금이 모이기 시작했다. 그리고 우리가 한국에 오면서 하나님께서 계속 돈을 보내주시는 일들이 있었는데 이때를 위함이었구나 싶어서 나머지 부족한 재정은 모두 우리가 채우기로 했다.

선교사님 10가정을 섬기는 것을 목표로 했는데, 주변에 우리가 아는 선교사님들과 선교단체와 후원자분들의 추천을 받은 선교사님들 해서 총 10가정이 모집되었다. 한 교회가 한 일을 우리 부부 둘이, 한 가정이 하려고 하니 쉽지 않은 부분도 있었지만 6남매가 기도의 동역자가 되어 가정예배 때마다 '선교사 힐링캠프'를 위해서 간절히 기도하며 준비했다.

장소를 경주로 정하고 아이들과 함께 가서 미리 둘러보고, 맛집이라고 소개받은 식당에 가서 미리 먹어보기도 하며 답사를 마쳤다. 저녁 집회가 관건이었는데 선교사님들과 힐링콘서트를 하면 좋겠다 싶어서 '달빛마을'에 사역을 부탁드렸더니 흔쾌히 오겠다고 해주셔서 너무 감사했고, 말씀은 달빛마을 분들이 추천해주신 노문환 목사님이 오셔서 전해주시기로 했다.

'힐링캠프'를 위해서 기도하면서 나는 특히 좋은 날씨를 위해서 기도를 많이 했는데 캠프 며칠 전, 외출했다가 날씨가 너무 좋아서 하늘을 올려다보며 하나님께 이렇게 말씀드렸다.

"아버지, 이 날씨 딱 좋네요. 11월 1일에도 딱 이만큼만 해주세요. 선교사님들이 좋은 날씨와 자연 속에서 마음껏 힐링하고 힘을 얻으실 수 있도록요. 아버지, 꼭이요!"

캠프 당일, 부탁드렸던 대로 날씨가 너무 좋았다. 현수막부터 캠프 소책자, 규장출판사와 윤정희 사모님이 후원해주신 선교사님들 선물로 드릴 책들을 비롯해 짐들을 차에 실으면서 남편과 나는 우리 둘이서 어떻게 이렇게 준비해서 캠프를 하는가 싶어서 웃기도 했다.

모이신 선교사님들과 점심 식사를 마치고 첨성대를 돌면서 핑크뮬리와 갈대밭 등지에서 사진을 많이 찍었는데, 선교사님들의 환한 웃음과 행복해하시는 모습을 볼 때마다 얼마나 기쁘고 행복한지 눈물이 나려고 했다.

'아버지, 선교사님들의 저 웃음이 우리 가정이 그토록 기도하며 꿈꾸고 부탁드렸던 기도제목이었어요.'

저녁 집회는 달빛마을의 힐링 콘서트로 시작되었는데, 첫 찬양이 '샬롬'이었다.

"샬롬 내니 두려워 말아라 나의 아들 나의 딸아 안심하라

샬롬 나의 평안을 주노라 세상과는 다른 평안 두려워마라

샬롬 내니 두려워 말아라 나의 사랑 나의 이스라엘 안심하라

평강 있을지어다 아버지께서 날 보냄같이 나도 널 보내노라"

앞에서 찬양이 불리는데 선교사님들이 우시는 소리가 들렸다. 그 이후에 불리는 찬양도 가사마다 선교사님들의 마음을 만지시는 은혜들이 있었고, 노문환 목사님의 살아있는 간증 또한 선교사님들에게 큰 위로가 되었다. 선교사님들을 서로 축복하는 시간에는 서로 손을 뻗어서 축복할 때 선교사님들이 우셨고, 그 모습을 보는 나도 그 마음이 무엇인지 알 것 같아 함께 눈물이 났다.

남편이 최고급으로 섬기고 싶다고 했던 대로 숙소는 보문호수가 보이는 5성급 호텔로 마련되었는데 이것이 선교사님들께 정말로 큰 힐링이 되었다. 5성급답게 멋지고 깨끗한 방에서 일몰과 일출이 너무 아름다운 호수 풍경을 보며 선교사님들이 너무 감격해하시니

남편 말대로 하길 잘했다는 생각이 들었다.

　나중에 남편은 내게, 마지막 날 선교사님들에게 힐링 캠프 후기 영상을 부탁드렸는데 한 선교사님이 "우리 같은 서민들에게 과분한 5성급 호텔에서 묵을 수 있게 해주셔서 감사했습니다"라고 말씀하실 때 마음이 짠했다고 말해주었다.

　모든 일정을 마치고 KTX 기차를 타고 돌아가셔야 하는 분들을 기차역까지 모셔다드릴 때, 인도에서 오랫동안 사역하신 독신 여선교사님께서 이런 말씀을 하셨다.

　"이렇게 와서 여유를 가지고 자연을 바라보니, 나무들이 싱싱하고 푸르른 초록잎이었을 때도 아름답지만 붉게 물든 단풍도 낙엽도 아름답다는 걸 깨달았네요. 우리는 어떻게든 사역을 열심히 해야 한다고만 생각해서 쉬는 것도 하나님 앞에 죄스러웠는데, 이제는 나이도 많고 힘도 약해지는 이때에 하나님이 쉬라 하시면 잘 쉴 줄도 알아야겠다 싶네요."

　1박 2일의 캠프 기간에 선교사님들께 가장 많이 받았던 질문이 '어떻게 해서 두 분이 이런 캠프를 준비하게 되었느냐'였다. 이런 일은 재정 규모며 한 가정이 할 수 있는 일이 아닐 텐데 어떻게 이렇게 할 수 있는가 의아스럽다는 말씀이셨을 테지만, 우리는 그저 "우리가 먼저 과분한 섬김을 받고 보니, 우리도 똑같이 다른 선교사님들께도 그런 섬김을 해드리고 싶었다"라고 말씀드릴 뿐이었다.

한국에 돌아와서 가슴을 찢고 싶은 것은 코로나로 인해 움츠리고 있는 한국 교회의 모습이었다. 한국으로 귀국하신 선교사님들은 넘쳐나는데, 있을 곳이 없어서 이리 알아보고 저리 알아보고 헤매는 선교사님들이 많은데도 코로나 감염을 우려해 대형교회의 선교센터와 선교관들이 문을 닫은 것을 보면서, 내가 무슨 힘이 있고 내가 누구에게 외칠 수 있겠는가마는, "그 큰 건물들, 그 많은 공간이 이때를 위함이 아니겠습니까?"라고 소리치고 싶었다. 한 교회가 할 일을 한 가정인 우리에게 감동을 주셔서 일하게 하시는 것을 보며 '주님의 일은 그 눈물을 아는 자, 그 마음을 아는 자가 움직이게 되는구나' 하고 깨달았다.

하나님의 위로와 선물

하나님께서는 우리에게 아이들을 통해 큰 위로를 주셨다. 남편과 내가 선교사 힐링캠프를 준비하고 있을 때 둘째 조이가 와서 이런 말을 했다.

"어머니, 저는 커서 선교사님들 아파트를 지을 거예요."

언젠가 남편과 함께 걷기 운동을 하면서 선교지에서 일생을 다 바치고 귀국하신 시니어 선교사님들 중에서 막상 한국에 와도 살 집이 마땅찮은 분들이 많으신 것에 참 마음 아파하고 남 이야기 같지 않다고 대화를 나눈 적이 있었는데 조이가 어떻게 해서 선교사 아파트를 지을 생각을 했는지 기특하기만 했다.

"부부만 계시는 선교사님들은 좀 작은 아파트, 그리고 우리 집처럼 자녀가 많은 선교사님들에게는 좀 큰 아파트를 드릴 거예요. 그리고 우리도 그랬지만, 선교사님들이 가전 가구를 직접 다 사서 넣으시려면 힘드실 테니까 풀퍼니처로 해드릴 거예요. 또 식사도 편하게 하실 수 있도록 아파트 옆에 식당도 지어서 언제든지 와서 드시게 할 거예요."

"와, 조이야! 그래, 너는 이 일을 일생일대의 사명으로 알고 하도록 해라. 그리고 조이야, 명심해라. 하나님께서 기뻐하시는 뜻을 품으면 너는 부족해도 하나님께서 사람을 붙이시고 물질을 붙이시고 하나님께서 이루신다는 것을."

조이는 들떠서 공책을 가져와 설계도까지 그리기 시작했다. 나중에 보니 조이가 그린 설계도에는 선교사님들이 산책하실 수 있는 공원과 선교사 자녀들을 위한 놀이공원과 동물원까지 그려져 있었다. 그걸 보고 도대체 이렇게 다 하려면 돈이 얼마나 들겠냐고, 가능이나 하겠냐며 웃었던 기억이 난다.

조이가 선교사 아파트를 짓겠다고 한 지 얼마 지나지 않아서 이번에는 뜬금없이 세이가 나에게 와서는 이런 말을 했다.

"어머니, 조이는 선교사님들의 장기 숙소를 위해서 선교사 아파트를 짓겠다고 했으니 저는 선교사님들께서 단기로 머무실 수 있는 선교사 호텔을 지을게요."

"아이고, 세이까지? 와, 아파트와 호텔! 너무 멋지다야!"

아이들의 말을 듣고는 하나님께 이런 고백이 흘러나왔다.

'아버지, 세이와 조이가 선교사 아파트와 선교사 호텔을 짓지 못하게 된다 하더라도 저는 괜찮아요. 우리 아이들이 선교사님들의 눈물과 애로를 헤아리고 돕고 싶은 그 마음을 품었다는 것만으로도 저는 너무 감사해요.'

선교사 힐링캠프가 끝나고 며칠 후, 성경을 읽고 있는데 히브리서 6장 10절 말씀이 눈에 확 들어왔다.

하나님은 불의하지 아니하사 너희 행위와 그의 이름을 위하여 나타낸 사랑으로 이미 성도를 섬긴 것과 이제도 섬기고 있는 것을 잊어버리지 아니하시느니라

그러면서 하나님께서 큰 선물을 준비하고 계신다는 느낌이 들었다. 우리가 하나님께 상을 받으려고 한 것은 아닌데, 깜짝 선물을 준비하고 있으니 기대하며 기다리라는 마음을 주시는 것 같아서 왠지 모르게 설레었다. 이런 감동을 주셨다고 남편에게 이야기하니 남편이 가끔씩 물어온다.

"여보, 큰 선물은 뭘까? 언제 주시려나?"

나는 같은 말만 반복할 뿐이다.

"나도 몰라유~"

하나님의 깜짝 선물이, 손바닥만큼의 위로라도 아직 받지 못하신 많은 선교사님을 계속해서 섬길 수 있도록 길을 열어주시는 것이었으면 좋겠다.

"선교사님이 대한민국의 자랑입니다!"

CHAPTER

4

더욱 말씀을 붙들게
하는 눈물의 열매

울보 엄마의 유일한 소망

지금까지 6남매를 키워오면서 가장 많이 눈물 나고 힘들었던 때를 떠올려본다면 둘째 조이의 말더듬과 넷째 로이의 음성틱이 었다.

조이가 4살 무렵부터 말을 더듬기 시작했을 때 내가 할 수 있는 것은 눈물로 하나님께 부탁드리는 것밖엔 없었다. 그렇게 울고 또 울던 나에게 하나님께서는 '말씀'이라는 치료약을 처방해주셨고, 그 처방전에 따라 아이가 힘들지 않을 만큼 조심스럽게 말씀 암송을 함께하며 '말씀 약'을 계속 먹였다. 그렇게 눈물의 기도와 말씀 약을 통해서 어느새 조이의 말더듬은 치료되었다(조이의 말더듬은 앞 책 《바보 엄마》에서 언급했다).

로이가 틱을 시작했을 때도 나에게는 기도와 말씀 외에는 다른 방법이 없었다. 그때는 너무나 고통스러워서 하루에 두 번, 새벽과 밤으로 기도하지 않으면 살 수 없었다. 로이의 상태를 살피며 전에 하던 대로 말씀 암송을 계속해나갔고, 말씀 암송이 끝나면 로이의 머리에 손을 얹고 축복기도를 해주었다.

"하나님, 우리 로이 오늘도 말씀 암송 잘했습니다. 로이가 암송한 이 말씀이 로이의 아픈 부분을 치료하는 치료약이 되게 해주세요. 예수님의 이름으로 기도합니다. 아멘."

내가 그렇게 기도하면 로이가 시키지도 않았는데 "아멘, 아멘" 하곤 했다.

어느 날은 로이의 머리에 손을 얹고 기도하는데 뜨거운 눈물이 흘러내렸다.

'하나님, 우리에게는 이 말씀이 생명줄입니다. 우리에겐 붙들 것이 이것밖엔 없습니다. 주님, 아시지요? 말씀의 능력을 사모하며 기대합니다.'

나는 이렇게 생각한다. 기도가 기도 되고 말씀이 말씀 되는 것은 '그것이 그 사람에게 어떤 의미인가'에서부터 결정된다. 기도가 유일한 대안인 사람의 기도는 간절할 수밖에 없다. 말씀이 유일한 대책인 사람에게 말씀을 붙드는 힘은 강력하다. 하나님 외에 대안이 없는 자의 기도는 힘이 있다. 하나님 외에 대안이 없는 자에게 말씀은 절대적이다. 그것이 유일하기 때문에, 그것밖에 없기 때문이다.

조이의 말더듬 때에도 그랬고 로이의 틱장애 때에도 그랬고, 나는 아무 대안이 없는 바보 엄마요 울보 엄마였지만 나에게는 붙들 것이 있었다. 그런데 주위를 둘러보니 '다른 엄마들에겐 붙들 것이 있을까?' 하는 의문이 들었다.

아이들을 키울수록 부모 된 우리의 무능력함을 더욱 절감하게 되고, 생각지도 못했던 위기와 문제들이 누구에게나 닥쳐올 수 있다는 것을 인정하게 된다. 부모로서 아이들을 키우면서 여러 가지 문제로 어려움을 당할 때, 당신에겐 붙들 것이 있는가? 정말 숨을 쉴 수 없을 만큼 고통스럽고 절망적인 순간에도 버티고 이겨내고 그 가운데 소망을 품을 수 있게 만드는 생명줄과도 같은 끈이 있는가?

나는 모든 부모에게 이 '말씀'이 생명줄이 되길 기도한다. 자녀들을 키우면서 어떤 문제들이 닥쳐와도 요동치 않고 울면서라도 말씀 끈을 놓치지 않고 아이들과 한 걸음 한 걸음 맞서 싸우며 나아갈 부모들이 일어나길 기대한다.

로이의 틱 가운데서 말씀 암송을 하면서, 나는 뜨거운 눈물을 흘리며 하나님께 감사기도를 드렸다.

"하나님, 너무 감사해요. 우리 로이가 말씀을 기억할 수 있는 지능이 있다는 게 너무 감사해요. 로이가 비록 틱을 하지만 지능은 있어서 말씀을 암송할 수 있고 말을 알아들으니 복음을 전할 수 있어서 감사해요. 로이의 틱이 계속된다고 하더라도 이 아이의 가슴에 말씀을 새겨줄 수 있고 복음을 들려줄 수 있다면, 그러면 소망은 있어요!"

아이가 여섯이다 보니 사건 사고도 다른 집보다 많은 것 같다. 이 아이에게 문제가 생겨서 이 아이 신경 쓰고 나면 또 저 아이를 돌봐야 하고, 나의 눈물은 마를 날이 없는 것 같다. 앞으로도 이 아이들이 다 자랄 때까지, 아니 성인이 되어서도 얼마나 많은 일이 우리 앞에 닥쳐올지 모르지만, 지금까지 그랬던 것처럼 끝까지 말씀을 먹이고, 심고, 눈물의 기도를 올려드리며 감당하고 싶다. 나는 바보 엄마이고 울보 엄마이지만 끝까지 붙들고 갈 끈이 나에게 있다는 것이 참으로 감사하다.

되는 교회

2020년 12월, 말레이시아에 와서 지난 4년 동안 주일 사역으로 섬겼던 KL중앙교회를 사임하게 되었다. 한인교회 사임과 코로나로 인한 이동 제한으로, 우리 가정은 주일예배를 위해 가정 교회를 시작하게 되었다. 가정 교회를 시작하면서 남편은 고민 끝에 '되는 교회'라는 이름을 지었다. 그 이름을 듣고 처음에는 '잘되는 교회'를 소망해서 지은 줄 알았는데 그게 아니라고 했다.

"되어가는 교회, Becoming Church야. 신자 되는 교회, 제자 되는 교회, 은혜 되는 교회!"

이렇게 우리는 '되는 교회'라는 이름을 짓고, 남편은 설교자, 나는 찬양인도자, 첫째 세이는 기타 반주로 섬기며 예배를 시작하게 되었다. 남편은 나름 신경을 써서 주보도 만들고 6남매 성도들이 대표기도와 성경 봉독, 헌금위원을 돌아가면서 섬겨주시도록 부탁했다. 그리고 남편의 뜻에 따라 매주 설교 후에는 성찬식을 하기로 했다.

우리끼리 드리는 예배라서 그런지 찬양 시간에 자유롭게 마음껏 춤도 추고 기차도 만들어서 거실을 돌아다니며 주님 안에서 기뻐했다. 설교 시간이 되면, 남편의 설교가 중간중간에 끼어드는 아이들의 질문 공세에 종종 끊기기도 했다.

한번은 예배 시작 직전에 한 아이가 똥이 급하다며 화장실에 들어갔다. 우리는 예배 시간을 지켜야 했기에 기다리지 않고 11시에 정확히 예배를 시작했는데 사도신경을 고백할 때 어디선가 "치이익 ~ 치이익~" 하는 소리가 연달아 계속 들려왔다. 볼 일을 마친 아이가 일명 '물총'이라 불리는 물 호스로 엉덩이를 씻고 뒤처리를 하는 소리였다. 사도신경을 고백하다 말고 온 가족이 웃음이 터지고 말왔다. 사회자인 남편도 웃음이 터져서 예배가 사도신경 하다 말고 끊겨버렸다. "작작 좀 해라", "빨리 하고 나온나!" 하는 아우성 끝에 아이가 화장실에서 나왔고, 모두 다시금 마음을 가다듬고 예배를 이어간 적도 있었다.

설교 후에는 항상 성찬식을 했는데, 한 명씩 순서대로 나와서 남편이 뜯어주는 빵을 받고, 나눠주는 포도주를 잔에 받았다. 아버지가 설명해도 6남매 성도님들에게는 이 성찬식이 그저 빵과 포도주를 먹는 시간에 불과했나 보다. 내 빵이 더 크냐 네 빵이 더 크냐, 내 포도주가 더 많냐 네 포도주가 더 많냐 하며 얼마나 많이 받느냐에만 관심이 있는 듯했다. 그런 6남매 곁에서 빵을 붙들고 잔을 움켜쥐고 눈물을 흘리는 건 남편과 나 뿐이었다. 우리는 아니까. 오늘도 빵과 포도주를 먹고 마시며 예수님을 붙잡는 것밖에는 소망이 없는 것을 아는 죄인들이었으니까.

예배의 모든 순서가 끝나면 집 앞에서 매주 항상 기념촬영을 했다. 왜 그래야 했는지 아직도 잘 이해가 되지 않지만 담임목사님이 중요하다고 하시니 우리는 순종하여 활짝 웃으며 그 더운 땡볕에 사진을 찍어야 했다. 그렇게 예배가 끝나면, '돈'에 관심이 많은 둘째 조이가 헌금함에서 헌금 봉투를 꺼내서 헌금을 계수하고 기록한 뒤 매주 차곡차곡 모았다. 그렇게 모인 헌금은 감동 주시는 곳에 전부 보내드렸다.

가정 교회를 통해 깨닫는 것들

가정 교회로 예배를 드리면서 하나님께서 남편과 나에게 깨닫게 하신 것이 많았다. 특별히 변화되지 않는 성도님들에 대한 한숨을 공감하게 하셨다. '되는 교회'의 유일한 성도님들은 6남매였는데, 예배 전부터 "오늘 점심은 뭐예요?"라고 물으며 예배보다 예배 후에 주는 밥에 관심을 더 많이 보였다. 그리고 남편의 설교에 은혜받고 나도 눈물을 흘리며 감격스러웠는데, 예배가 끝나고 사진을 찍기 위해 나가는 순간부터 서로 먼저 나가겠다고 다투고 예배의 감격과 은혜는 온데간데없는 아이들을 보면서 남편도 설교자로서 얼마나 낙심이 되었을까?

거실을 예배실로 하다 보니, 예배 전에 소파를 옮기고 의자를 배치하고 강단을 꾸미고 예배를 준비했다가 예배가 끝나면 다시 원래 위치대로 옮겨놓고 정리하는 것도 일이었다. 나도 금요일만 되면 주일예배 찬양을 선곡하고 아이들과 함께 찬양팀 연습을 해야 했고, 남편도 매주 설교를 준비해야 했다. 그러면서 '누군가의 섬김으로 다 준비된 예배에 가서 예배드리는 것이 참으로 큰 은혜였구나. 그냥 저절로 되는 것은 아무것도 없었구나'라는 것을 절실히 깨닫게 되었다.

남편은 아이들의 눈높이에 맞게 시각적인 자료도 열심히 준비해서 왔는데, 좁은 문과 넓은 문을 실제로 만들어 와서 설교하니 아이들이 그 의미를 더 잘 깨닫는 것 같았다. 어느 날은 밤새 열심히 '성막'을 만들어 왔다. 집에 있는 재료를 총동원해서 만들어 온 '성막'을 보면서 설명을 듣는데 그동안 말씀으로만 읽다가 실제로 만든 성막을 보니 절대 잊혀질 것 같지 않았다. 막둥이들도 그것이 너무 인상적이었는지, 몇 달 후 유아용 큐티책에 성막에 대한 말씀과 함께 그려져 있는 성막을 보더니 "아버지가 만들어 오셨던 거!" 하면서 신기해했다.

가정 교회 예배가 계속되던 어느 날부턴가 남편이 울면서 설교를 하기 시작했다. 아이들은 잘 듣고 있다가 아버지가 울면서 설교를 하시니 눈이 똥그래져서 놀란 표정으로 듣기 시작했다. 나는 남편이 울면 나도 모르게 그냥 같이 울어졌다. 아니, 더 울었다. 그 마음을 알 것 같았다. 하나님의 보석과 같은 은혜를 캐내면 캐낼수록 울 수밖에 없는 게 어쩌면 당연할지도 모른다.

그렇게 우리는 8개월을 가정 교회로 예배드리고 한국으로 오게 되었다. 한국에 와서는 교회에 갈 수 있으니 아이들은 집 근처 교회의 교육부서로 가서 각자 예배를 드렸다. 어느 날, 이런저런 이야기를 하다가 아이들이 이런 말을 했다.

"그래도 아버지 설교가 세상에서 최고예요!"

"설교로는 아버지가 탑이지요."

가정 교회로 예배드릴 때, 설교가 1시간이 넘어간다고 불평했던 아이들이 시간이 지나고 나니 아버지 설교가 최고라고 하는 것을 들으며 나는 남편이 참 복 받은 설교자라는 생각을 했다.

'우리 남편은 참 행복한 설교자였구나. 아이들이 아버지의 눈물과 정성을 다 알고 있었어. 자식들로부터 최고라고 인정받는 당신은 참 행복한 목회자였네요.'

너희의 생명이니라

작년 초에 신명기를 묵상하고 있을 때의 일이다. 신명기 32장을 읽고 있는데 46절에서 47절의 말씀에 눈길이 멈추어졌고, 계속해서 반복해서 읽으며 묵상하게 되었다. 모세가 자신은 요단강을 건너지 못하고 가나안 땅을 밟지 못하고 죽을 것을 알고 여호수아를 자신의 뒤를 이을 지도자로 세우면서 마지막으로 백성들에게 전하는 메시지 중의 한 부분이었다.

> 그들에게 이르되 내가 오늘 너희에게 증언한 모든 말을 너희의 마음에 두고 너희의 자녀에게 명령하여 이 율법의 모든 말씀을 지켜 행하게 하라 이는 너희에게 헛된 일이 아니라 너희의 생명이니

그 당시 나는 매일 6남매에게 말씀을 먹이는 일이 버거워 지쳐가고 있었다. 첫째부터 셋째까지는 아이들이 알아서 말씀을 암송했지만, 넷째부터 여섯째까지는 내가 직접 한 명씩 들어오라고 해서 반복해서 따라 하게 해야 하니 쉽지는 않은 일이었다. 오전에 1시간 정도는 에너지를 집중해서 막둥이들 말씀 훈련에 힘을 쏟아야 했다. 아침에 힘이 나지 않으면 '주님, 도와주세요'라고 기도하면서 도우심을 구해야 하는 날이 많았다. 아니, 나의 감정이 동의되지 않지만 억지로라도 순종해서 그 자리에 앉아야 할 때도 많았다.

막둥이들도 그렇지만 큰아이들도 매일은 못하더라도 힘이 될 때는 그동안 아이들이 한 것을 확인해주고 축복기도도 해주어야 했다. 힘드니까 어느 날은 '이렇게까지 해야 할까?'라는 생각도 들었다. 그런 내 생각을 꿰뚫어 보신 듯 하나님께서 분명하게 말씀해주셨다.

'미나야, 네 수고와 네 눈물이 결코 헛된 일이 아니란다.
너와 네 자녀들에게 생명이 되는 일이란다. 힘을 내라!'

그날 노트에 이렇게 썼다.

아! 하나님, 감사합니다. 헛된 일이 아니라고 말씀해주셔서…. 생명이라고 말씀해주셔서…. 주여, 이 생명과도 같은 일에 이 땅의 어머니들이 사명자로 세워지게 하옵시고 제 주변의 엄마들부터 이 일에 사명자로 일어나게 하옵소서.

그리고 그다음 날, 땀을 뻘뻘 흘리며 거실을 쓸고 청소하고 있는데 갑자기 그 말씀이 또 생각나게 하시며 가슴이 터질 것 같은 성령의 감동을 부어주셨다.

'미나야, 내가 널 세울 거야.
내가 널 세울 테니 너는 목소리 높여 외쳐라.
말씀을 가르치고 전하는 것을 헛된 일로 여기며
생명으로 여기지 않는 세대를 향해서 외쳐라.'

그러면서 하나님의 아픈 마음을 내게 부어주셨다.

'내가 왜 아이들에게 지혜를 부어주지 않겠느냐?
내가 왜 아이들에게 지식을 부어주지 않겠느냐?
생명과도 같은 정말 중요한 것들은 보지 못하고,
내가 한 번 부어주면 저절로 채워질 것들에 목숨을 걸고
힘을 쏟고 있는 부모들이 너무 안타깝구나.'

사단이 우리의 눈을 가리면 우리는 자녀들에게 말씀을 가르치고 말씀을 먹이고 말씀대로 살자고 외치는 이것이 '헛된 일'로 여기게 된다. 아니, 헛된 일까지는 아니더라도 나의 땀과 눈물을 쏟아서 하려고 하지 않는다.

나는 기회가 닿는 대로 주변 분들에게 아이들과 말씀 암송하고, 말씀 읽고 묵상노트 정리해보는 것을 권하고 있다. 잘 몰라도 해보려고 하시는 분은 나도 어떻게든 도와드리려고 하지만, "그거 너무 힘들 텐데요"라고 하는 분들에게는 더 이상 아무 말도 할 수가 없다.

이것이 사람이 살고 죽는 것과 관련된 '생명'에 관한 일이라는 것을 깨닫는다면, 아무리 힘들어도 그 수고와 헌신은 해야 마땅한 것이 될 테고, 울면서라도 어떻게든 씨앗을 뿌리게 될 것이다.

그날, 청소하다가 말고 나는 뜨거운 눈물을 흘리며 이렇게 기도하기 시작했다.

"아버지, 저는 꿈을 꿉니다. '말씀'을 생명처럼 붙들었던 부모의 자녀들이 옆에서 공부해라 말해서 하는 정도가 아니라 공부를 해야 한다면 목숨 걸고 공부하는 자로 일어날 줄로 믿습니다. 공부가 아닌 다른 재능과 은사가 있다면, 목숨 걸고 재능을 계발하고 훈련할 자녀들이 일어나게 하여주시옵소서!"

하나님께서 내게 이런 뜨거운 마음을 부어주셨지만, 사실 그때는 이것을 어느 누가 알아줄까 싶었다. 그런데 하나님께서는 내게 말씀하신 대로 나를 말해야 하는 자로 세우기 시작하셨다. 《바보 엄마》 책이 출간되고, 그 후 '303비전성경암송학교'에서 강사로 강의를 하게 되었다. 또 한국에 들어오니 생각지도 못한 곳들에서 강의 요청이 들어왔다.

아무도 몰라도 나는 안다. 나는 사람들 앞에 설 자격이 없는 사람인 것을. 하지만 주님이 그분의 아픈 마음을 내게 부어주시면서 전해달라고 부탁하며 세우신 자리인 것을 알기에 그분의 'Speaker'로서 아버지의 마음을 시원하게 해드리고 싶다.

탁월함이 아니라 순종이다

아이를 낳긴 낳았는데 어떻게 키울지 몰라서 어떻게 키워야 하냐고 눈물로 부르짖던 나에게 하나님께서 들려주신 음성, '말씀으로 키워다오.' 그 음성에 순종하기 위해 몸부림치며 살아온 많은 시간이 있었다.

'303비전성경암송학교'에서 '유니게 과정'을 수료하고 나서 처음에 네 살 된 첫째와 말씀 암송을 시작할 때 '이것만은 꼭 해야 한다'

라는 비장한 마음으로, 아이가 하기 싫어할 때 보여줄 '매'를 옆에 두고 암송하기도 했다. 그런데 성령님께서 "이것은 아니다"라는 사인을 주셔서 아이들이 하기 싫어할 때도 어떻게 하면 즐겁고 기쁘게 암송할 수 있을지를 고민했다.

암송하기 전에 신나게 부를 노래를 만들기도 하고, 어떤 날은 같이 춤을 추면서 암송하기도 했다. 그래도 아이들이 하기 싫어할 때면 "딱 10번만 따라 해볼까?" 꼬셔보기도 하고, 그래도 안 될 때는 무릎에 아이를 눕히고 머리를 쓰다듬으며 암송할 말씀을 들려주는 것으로 마치기도 했다.

하루는 웬일인지 막내가 암송하기 싫어하길래 막내를 품에 안고 흔들흔들, 인간 흔들침대가 되어 아이의 기분을 좋게 해주면서 말씀을 따라 하게 했다. 그러면서 속으로는 이렇게 하나님께 기도드렸다.

'하나님, 저 10년째 이러고 있는 거 아시죠? 지금까지 여섯 아이들에게 이렇게 말씀을 먹여오고 있어요. 참 요령도 없고 지혜도 없는데 이렇게 하고 있는 저와 우리 아이들을 불쌍히 여겨주세요.'

어느 날, 자려고 침대에 누웠는데 하나님께서 던져주신 문장이 하나 있었다.

'탁월함이 아니라 순종이다.'

303비전성경암송학교 강의를 앞두고 있었는데 하나님께서 이것을 전하라고 알려주신 것 같았다. 그러면서 한 장면이 그려지게 해주셨다.

예수님을 영접한 지 얼마 되지 않은 초신자 엄마가 있었다. 아직 아무것도 모르는 엄마이지만, 자녀들에게도 이 예수님을 소개해주고 알게 해주고 싶어서 함께 성경을 읽어나가고 함께 암송해나가기로 했다. 어느 날, 아이가 엄마에게 묻는다.

"엄마, 이건 무슨 말이에요?"

엄마가 알 리가 없다.

"아, 그건 엄마도 모르겠는걸? 대신 우리 목사님께 물어보러 가자."

엄마가 아이의 손을 잡고, 선물로 드릴 음료수를 하나 들고 목사님을 찾아간다.

"목사님, 저희가 성경을 읽다가 모르는 부분이 있어서 알고 싶어서 이렇게 왔습니다. 이것이 무슨 말인지 가르쳐주실 수 있을까요?"

목사님의 설명이 끝나고, 엄마는 목사님께 부탁을 드린다.

"목사님, 제가 이렇게 잘 모르는 게 많은데 우리 아이가 말씀 안에서 믿음 안에서 잘 자랄 수 있도록 기도 좀 부탁드려도 될까요?"

목사님의 기도를 받고 아이의 손을 잡고 환하게 웃으며 걸어가는 그 아이와 엄마의 뒷모습이 그려지는데 나도 모르게 눈물이 났다. 그러면서 하나님의 마음이 느껴졌다.

하나님께서 우리에게 요구하시는 것은 '탁월함'이 아니다! 그저 "네 자녀에게 부지런히 가르쳐라"라는 주님의 말씀에 순종하는 태도를 요구하신다. '탁월함'으로라면, 나는 이 책을 쓸 자격도 없는 엄마이고, 무어라고 사람들 앞에서 강의할 자격이 없는 사람이다. 그러나 바보 엄마로 아이들을 키워오면서, 나는 지금까지 하나님께 한 번도 "왜 그렇게 못하니?"라든가 "그것밖에 못 하니?"라는 말씀을 들어본 적이 없었다. 오히려, 아무 요령도 없고 아무 대책도 없지만 주님 말씀에 순종하려고 몸부림치는 나의 그 모습을 귀하게 여겨주셨다.

하나님은 다 아신다. 하나님은 전지하신 분이시기에 부모들의 역량을 다 아신다. 우리의 장점과 단점을 누구보다도 잘 아시는 하나님은 우리가 해낼 수도 없는 기준과 목표를 제시하면서 '잘' 해내라고 종용하지 않으신다. 하나님께서 우리에게 요구하시는 것은 우리가 그분의 손과 입이 되어드리는 것뿐이다.

그분 대신에 내 손으로 자녀의 머리에 손을 얹고 그분의 마음으로 기도해주기를 원하시고, 그분 대신에 내 입으로 그분 자체이신 그 말씀을 아이들에게 들려주고 먹여주고 전해주기를 원하신다.

그저 우리가 할 수 있는 만큼 그 일을 해주기를 원하신다. 하나님의 그 명령을 외면치 않고, 부모 된 내 몸과 시간, 에너지를 순종해서 사용해주기를 원하신다.

구하니, 주시고

우리가 머리로는 다 아는 것 같아도, 막상 내 자녀에게 말씀을 먹이고 함께 말씀을 읽으려고 뭔가를 시도하려고 할 때, 녹록지 않은 것도 사실이다. 영적 전쟁이기 때문에 더욱 그런 것 같다. 내 자녀를 말씀으로 키우겠다는 결단을 사탄이 결코 좋아할 리가 없으니 당연히 어떻게든 뜯어말리려고 할 것이다. 나는 엄마들에게 이 말씀을 꼭 붙들기를 권면하고 싶다.

너희 중에 누구든지 지혜가 부족하거든 모든 사람에게 후히 주시고 꾸짖지 아니하시는 하나님께 구하라 그리하면 주시리라 약 1:5

우리가 강의도 듣고 책도 읽지만 지금 이 상황에 내 아이와 나에게 꼭 필요한 정보를 얻기가 쉽지 않을 때도 많다. 그리고 나와 내 아이의 과거부터 현재까지 모든 상황을 자세히 알고 면밀히 살펴서 그때 딱 맞는 답을 줄 수 있는 전문가도 흔치 않을 것이다.

그런데 우리에게 희망이 있다. 왜 지혜가 없냐고, 왜 이럴 때 어떻게 해야 하는지 모르냐고 혼내지 않으시고, 지혜가 없다고 지혜를 달라고 기도하는 자에게 우리가 생각한 것보다 더 많은 지혜를 주겠다고 약속한 분이 계시니까!

야고보서 1장 5절의 말씀을 믿는다면 "구하면 주겠다"라고 하신 약속의 말씀을 붙들고 자녀를 말씀으로 키우는 과정에서 어려움에 닥칠 때마다 하나님께 솔직하게, 진실하게 그 어려움을 상세히 말씀드려보라. 나는 확신한다. 나에게 아이디어를 주시고 해답을 주셨던 하나님께서 당신에게도 동일하게 말씀해주실 것을. '구하니, 주시고'를 반복하다 보면 어느새 우리의 육아에 간증 보따리가 한가득 넘쳐나게 될 것이다.

나는 지혜도 부족할 뿐만 아니라 내면의 힘도 강하지 못한 엄마였다. 아니, 지금도 그렇다. 인내와 끈기, 의지 이런 것들이 부족한 내가 지금껏 엄마로서 아이들과 말씀을 암송해오면서 얼마나 많은 넘어짐이 있었을까? 그런 나에게 참으로 위로가 되고 용기를 주는 어느 사모님의 말씀이 있었다.

"사모님, 오늘 못 하면 내일 하면 돼. 내일 못 했어도 그다음 날 또다시 시작하면 돼. 일주일 못 했어도 또다시 시작하면 돼. 그러면 되는 거야."

그 사모님의 말씀처럼 오늘 못해도 다시 내일 아이들을 다독여서 아이들과 함께 말씀의 자리에 앉았다. 한동안 못했어도 다시금 은혜를 구하며 시작할 수 있었다.

그런데 시간이 지나면서 깨닫게 된 사실이 있다. 처음에는 말씀의 끈을 붙잡는 힘이 약해서 금방 놓아버리곤 했지만, 그럼에도 불구하고 순종하여 그 끈을 붙잡으려고 몸부림치며 나아갔더니 그 시간 속에 하나님께서 나와 우리 아이들을 말씀으로 만나주셨고, 하나님께서 만나고 역사해주신 은혜의 흔적들이 쌓여갈수록 말씀을 붙잡는 힘은 더욱 강해졌다. 그래서 이제는 웬만하면 그 끈을 놓지 않는 엄마로 변해 있었다.

조금씩이라도, 함께

《바보 엄마》 책이 출간된 뒤에, 이런저런 사연을 가진 엄마들로부터 메일이 왔다. 그중에서 어떤 집사님과는 전화 연락까지 닿게 되었다. 세 아이를 키우고 계시는데, 아이들 말씀 암송도 시키고 싶고 가정예배도 드리고 싶지만 잘 안된다고, 아이들을 어떻게 키워야 할지 모르겠다고 울면서 말씀하셨다. 그래서 이런 말씀을 드렸다.

"집사님, 맞아요. 저도 제가 봐도 역량이 안 되는 엄마예요. 비록 집사님도 그렇도 저도 그렇고 감당할 능력이 되지 않는 사람들이지만 우리 거북이처럼 느리더라도 이 길을 걸어가요. 거북이처럼 느리더라도 해봐요. 아주 조금씩이라도요. 그런데 집사님, 저는 한 가지 믿음이 있어요. 우리는 부족하고 역량이 안돼서 거북이처럼 느리지만, 거북이처럼 아주 조금씩이라도 걸어갈 때 하나님께서 반드시 은혜를 주셔요. 반드시 은혜를 부으셔요. 그래서 우리는 할 수 있는 거예요."

나는 이 일을 결단하는 모든 어머니에게 영적인 친구가 있었으면 좋겠다는 생각이 든다. 내가 대구에 있는 교회에서 성경암송학교 유니게 과정을 들을 때, 거기서 알게 된 한 사모님은 나보다 열 살이나 많으셨지만 아이들의 나이가 비슷해서 점점 친해지게 되었다. 그 사모님과 지금까지 10년이 넘도록 교제하면서 내가 넘어질 때면 사모님이 붙잡아주시고, 때로는 내가 사모님께 조언해드리고 하면서 지금까지 서로를 붙들어주는 '영적인 친구'로 지내오고 있다.

참 감사한 것은, 우리가 서로 자신의 치부와 아이들의 부족을 허물없이 터놓고 이야기할 수 있다는 것이다. 때로는 내가 너무 못나고 너무 나쁜 엄마인 것을 눈물로 이야기할 수 있고, 부끄러워서 남들에게는 하지 못하는 우리 아이들의 잘못과 아픔을 터놓고 이야기할 수 있다는 것이 너무도 감사했다.

사모님의 고백이 곧 나의 고백이요 나의 눈물이 곧 사모님의 눈물이기에 그것을 부끄러워하지 않고 서로에게 말할 수 있었고, 그러다 보면 다시금 일어설 용기가 생겼고, 그것을 가지고 주님께로 나아가 기도할 힘을 얻곤 했다.

우리는 다 연약한 죄인인지라 때로는 누군가의 '손 내밂'과 때로는 '거룩한 매임'이 필요하다. 혹시 아직 나에게 이런 영적인 친구가 없다면 한 명이라도 꼭 붙여주시길, 아니면 그런 공동체를 붙여주시길 기도해보는 것은 어떨까?

부족하고 넘어지더라도 다시 말씀 앞에

아이들과 암송을 해오면서 내가 했던 실수는 '잊히지 않는, 마음에 새기는 말씀'으로 훈련하지 못한 것이다. 유니게 과정을 수료하고 첫째 세이와 함께 유니게 1단계 100절의 말씀을 암송하고 난 뒤에 남편이 이런 제안을 했다.

"여보, 이렇게 부분적으로 말씀 암송하는 것도 좋지만 성경을 통째로 암송해보는 건 어떨까?"

남편의 말에 순종하는 것이 맞기에, 우리는 암송했던 유니게 1단계 100절의 말씀을 내려놓고 야고보서 통째 외우기를 했다. 야고보서를 다 암송하고 난 뒤에 몇 달 동안은 계속 복습했지만, 새로운 말씀 암송에 들어가면 했던 말씀의 복습을 유지하지 못한 채 또 새로운 말씀을 암송한다고 정신이 없었다.

언젠가는 복음을 전하려면 전도지를 암송해야 한다고 해서 '영생 얻는 길'이라는 전도지 소책자를 통째로 외우기도 했다. 그리고 골로새서, 잠언, 복음 스토리 52구절 말씀 등 계속해서 말씀을 암송했지만 지난 말씀들을 쉽게 잊어버리고 말았다.

그런데 작년 어느 날, 이런 깨달음이 들었다. 많은 말씀을 암송하는 것도 중요하지만, 정작 아이들에게 필요한 것은 나중에 성인이 되어서도 언제 어디서든지 생각해낼 수 있고 읊조려볼 수 있는 '장기기억으로 마음에 새겨진 말씀'일 것이라고.

그럴 즈음에 첫째 세이가 "어머니, 저희 다시 303비전 유니게 말씀으로 돌아가서 1단계부터 다시 암송했으면 좋겠어요. 지나고 보니 저는 그때 암송했던 말씀이 제일 많이 기억에 남는 것 같아요"라고 말했다. 그래서 올해부터 다시 유니게 1단계 말씀부터 암송하고 있는데, 아이들이 여태껏 암송을 해 온 덕분인지 진도가 빨리 나갔다.

그때 하나님께서 깨닫게 하신 후로는, 말씀 먹이는 엄마로서 나의 목표는 얼마큼 많은 말씀을 암송하느냐가 아니라 100절이 되었든 200절이 되었든 우리 아이들이 내 품을 떠날 때까지 돌에 새긴 것처럼 마음에 새겨져서 잊히지 않는 말씀으로 반복하고 또 반복하는 것이 되었다.

아이들을 한껏 응원하고 격려하자

말씀 암송이 말씀을 곱씹어보며 은혜를 누리는 시간이 되어야 하는데 '암기'에 치우치는 순간, '오늘은 여기까지는 해야겠어'라며 세우지 말아야 하는 목표를 세우는 순간, 은혜는 온데간데없고 나의 혈기가 발동되기 시작했다. 암송을 하다 말고, 결국은 소리를 지르게 되었다.

"그거 아니잖아! 왜 자꾸 틀리는 거야?"

순간 엄청난 자괴감이 나를 짓누르기 시작했다. 그런데 안 할 수가 없었다. 바보 엄마인 내가 그래도 유일하게 하나님께 이 아이를 키워드릴 수 있는 길이었기 때문이었다. 가정예배를 시작하기 전, 아이 앞에 무릎을 꿇고 "아까 어머니가 암송하다가 화내서 미안해. 그러면 안 되는데 어머니가 너무 잘못했어. 어머니를 용서해줄래?"라고 말하는데 눈물이 쏟아졌다.

지금까지 아이들이 나를 용서해주지 않은 적이 없었다. 늘 용서를 구하는 못난 어미를 용서해주고 다시 새롭게 시작할 기회를 주었다. 그리고 나서는 나도 영적으로 긴장을 하게 된다. 막둥이들 한 명씩 들어오라고 해서 암송을 시작하기 전, 아이가 들어오기 전에 기도하게 된다.

'하나님, 오직 은혜롭게 말씀 암송이 되게 해주시고 저를 붙잡아주세요.'

그날도 여느 때와 다름없이 막둥이들을 암송시키려고 한 명씩 들어오라고 해서 암송하고 있는데, 처음으로 아이들 입장이 되어 생각해보니 이런 생각이 들었다.

'입으로 따라 하라고 하지, 손으로 꼽으라 하지, 못하면 여러 번 반복해서 또 해보라고 하지…. 참 뭐가 재미있을까?'

그런데도 암송하자고 하니 이렇게 와서 앉아 있는 것도 기특하고 고맙고, 또 따라 하라고 하니 따라 하는 것도 귀한데 이런 아이들에게 엄마의 격려와 응원, 환호는 정말 필요하고 중요하겠구나 싶었다. 이런 깨달음이 들어서 그날 "브라보!" 큰 소리로 환호하면서 박수 쳐주고 오버액션을 했는데 아이들이 함박웃음을 지으면서 너무 좋아했다. 그 뒤로 '브라보' 안 해주면 안 해주냐고, 해달라고 하기도 했다.

그러면서 한 가지 소망이 생겨났다. 훗날 우리 아이들이 성인이 되어 내 품을 떠나서 자신들의 인생을 살아가다 어려움이 닥치고 눈물 날 일이 생겼을 때, 어린 시절부터 나와 함께 암송했던 일을 추억하며 "아, 그때 정말 행복했어. 어머니가 암송하고 나면 잘한다고 환호해주고, 그 암송한 말씀으로 머리에 손을 얹고 눈물을 흘리며 기도해주셨지. 그때가 참 그립다"라고 말할 수 있기를. 이 소망함이 행여나 우리 아이들에게 함께 암송했던 시간을 좋지 않은 기억으로 남기지 않도록 나를 돌아보게 하고 경책하는 힘이 된다.

갈등을 잠재우는 진정성

말씀 훈련이 자리 잡기까지 엄마와 아이의 실랑이가 있을 수 있 겠지만, 나는 그것을 풀 수 있는 비결은 '엄마의 진정성'이라고 생 각한다. 아이들이 모르는 것 같아도 아이들은 다 안다. 진심은 통 하기 마련이다. 특별히, 신앙적인 부분에 있어서는 더욱 그런 것 같다.

정말 우리 엄마에게 예수님이 삶의 주인이신가?
정말 우리 엄마에게 말씀은 절대 가치인가?
정말 우리 엄마에게 신앙 전수는 결코 포기할 수 없는 소원인가?

아이들이 부모들을 향해 이런 질문들로 테스트하는 것 같은 갈 등 상황에서 부모의 진심이 전해졌다면, 그다음에는 이런 갈등이 잠잠해지는 것을 경험했다.

'우리가 봐도 우리 엄마는 참 역량도 안되는 것 같은데 포기할 만 하면 다시금 일어나서 다독여 말씀 암송하자고 하고, 또 어떤 때 는 화를 내고는 미안하다고 무릎을 꿇고 용서를 구하고, 또 눈물 을 흘리면서 다시금 일어서고, 힘도 없어서 일어나지도 못하면서 침 대에 누워서라도 말씀을 확인해주고 머리에 손 얹고 기도해주고, 도대체 우리 엄마에게 있어서 저 말씀은 무엇인가? 우리 엄마에게

있어서 저 말씀은 뭐길래!'

그래서 그런지 큰아이들은 언제부턴가 내 마음을 안다는 듯 순종하며 암송을 해왔다. 아직 혼자서는 잘 못 하는 막둥이들 암송을 봐주고 나면 에너지를 다 써서 큰아이들은 봐주지 못할 때가 많은데 그 아이들이 스스로 암송 스케줄을 짜고 그것을 따라서 스스로 조곤조곤 암송하는 모습을 볼 때면 참 흐뭇하고 감사할 뿐이다.

물론 가끔은 "암송했나?"라는 확인의 말로 무언의 압박을 가할 때도 있지만 엄마인 나보다 훨씬 더 많은 말씀을 암송하고 있는 아들들이 고맙고 자랑스럽다.

삼가 말씀에 주의하는 자의 복

말레이시아로 선교 나가기 전, 첫째 세이가 9살이 될 때까지 홈스쿨을 했었는데 계속해서 임신과 출산, 입양을 반복하다 보니 말은 홈스쿨이었지만 오전에 아이들과 함께 암송하고 큐티하고 성경 읽고 하는 것이 전부였다.

계속 신생아를 키워야 했기에 아이들을 기관에 보내지 않고 데리고 있는 것만으로도 많이 버거웠지만, 하나님께서 내게 "말씀으로 키워다오"라고 부탁하고 명령하셨으니 내가 다른 것은 못 해도 이것만큼은 꼭 해드려야지, 내가 해야지 하는 생각으로 홈스쿨을 감당하고 있었다.

그 당시 차상위계층으로 학습지 지원을 받게 되어 씽크빅 선생님이 일주일에 한 번 오셔서 첫째 아이를 봐주셨는데 어느 날은 내게 이렇게 물어오셨다.

"어머니, 홈스쿨 하신다고 들었는데 어떻게 하시는 거예요?"

"아, 저희는 성경만…."

"그래요? 제가 공부를 시켜보니 세이가 너무 똑똑하고 잘해서 어머니는 뭘 하시나 궁금했네요. 너무 부러워요, 어머니."

선생님의 그 말씀을 들으며 나는 속으로 울었다. 줄줄이 동생들 낳고 키우느라 제대로 가르쳐주지도 뭘 잘해주지도 못했지만, 하나님께서 내게 부탁하신 그것 하나만큼은 내가 해드려야지 하면서 말씀만 붙들고 있었는데, 우리가 말씀을 암송하고 말씀을 읽고 묵상하는 시간 속에서 하나님께서 우리 아이들의 두뇌를 탁월하게 빚으시고 만지신 것을 생각하니 너무 감사해서 하나님께서 키우신 흔적들에 눈물이 났다.

나는 지금도 세상적으로는 빵점 엄마이지만, "삼가 말씀에 주의하는 자는 좋은 것을 얻나니 여호와를 의지하는 자는 복이 있느니라"(잠 16:20)라는 말씀처럼 말씀에 주의하는 자에게 좋은 것을 주시는 여호와의 은혜로 아이들을 키우고 있다.

무기로 빼 드는 말씀 암송

"왜 암송해야 돼요? 저는 커서 성인이 되고 나면 암송 안 하고 싶어요."

생각지도 못한 아이의 말은 나에게 충격 그 자체였다. 지난 10년 동안 불평 없이 순종하며 암송을 해왔던 아이가 갑자기 암송을 왜 해야 하냐고, 하기 싫다고 하니 그것만으로도 충격인데 지금은 어머니가 시키니까 하긴 하겠지만 나중에 자기가 크면 하기 싫다고 하니 나는 그 말에 더욱 낙심이 되었다. 볼멘소리로 불평하며 질문하는 세이에게 나름대로 왜 말씀을 암송해야 하는지 설명을 하긴 했지만 마음이 시원하지는 않았다.

아이들을 키우다 보면 충격적인 말도 듣고, 눈물 나고 낙심되는 일들을 누구나 겪게 되는 것 같다. 그러나 합력하여 선을 이루시는 하나님의 섭리를 생각하며 기도하게 되면, 그 일을 통해서 우리가 고민하거나 기도하지 않았던 부분들에 대해 깊고 진지하게 생각해 볼 수도 있고, 잘못 가고 있던 길을 회개하며 다시금 생명의 길로 전환하게 되는 은혜가 있는 것 같다.

나는 세이의 그 말을 통해서, 내가 사명감으로 나름 최선을 다해 아이들에게 열심히 말씀 암송을 시켜왔지만 정작 '왜 우리는 암송을 해야 하는가'에 대해서, 그리고 '암송한 말씀을 어떻게 사용, 적용

할 것인가'에 대해서는 가르치지 못하고 나누지 못했다는 것을 절실히 깨달았다. 그리고 나 또한 애를 쓰며 힘을 다해 암송을 하긴 하는데 때때로 삶에서 큰 변화가 없는 것 같아 낙심되고 마음이 어려울 때가 많기도 했다.

암송한 말씀의 검으로 싸우는 훈련

이런 고민에 남편의 조언이 내게 큰 전환점이 되었다. 남편은 암송하는 그 시간에만 암송하는 게 중요한 게 아니라, 우리의 일상에서 그 암송한 말씀을 빼 드는 훈련이 너무나도 중요하다고 말해주었다. 틈날 때마다 말씀을 읊조려보고, 특히 생각과 마음이 어려울 때, 사단의 공격이 있을 때 말씀으로 물리치고 끊어내는 훈련이 중요하다고 강조해주었다.

그러고 보니 어느 금요기도회 때 하나님께서 보여주신 장면이 있었다. 내가 번번이 자꾸 넘어지고 쓰러지는 것 때문에 가슴을 찢으며 회개하고 기도하고 있었는데 하나님께서는 내가 아주 날카롭게 날이 선 칼을 빼 들고 무찌르는 것 같은 장면을 보여주셨다. 그리고는 내게 "말씀의 검을 빼 들어라, 그 검으로 찔러 승리해라"라는 메시지를 주셨다.

그 당시에는 그게 좀 막연하기만 했고 실제 내 삶에 어떻게 적용하라는 말씀이신지 잘 깨닫지 못했다. 그런데 남편의 말을 듣고 보니 그때 내게 보여주신 장면과 정확하게 일치해서 깜짝 놀랐다. 그 이후로 암송한 말씀을 검으로 빼 들고 싸우는 훈련을 조금씩 해 나갔다.

어느 날은 분노가 치밀어 올라서 아이들에게 심한 화를 낼 것 같았다. 그래서 혼자 급히 방으로 들어가 갈라디아서 2장 20절을 암송하는데 "내가 그리스도와 함께 십자가에 못 박혔나니 그런즉 이제는 내가 사는 것이 아니요 오직 내 안에 그리스도께서 사시는 것이라 이제 내가 육체 가운데 사는 것은 나를 사랑하사 나를 위하여 자기 자신을 버리신… 엉엉엉" 말씀을 끝까지 다 선포하지도 못하고 울어버렸다.

"나를 사랑하사 나를 위하여 자기 자신을 버리신" 이 부분을 암송하는데 그만 눈물이 쏟아졌다. 이 죄인 된 나를 구원하기 위해 주님께서 하신 일이 생각나자 눈물이 흐르면서 '내가 또 주인이 되어 주님을 외면하고 내 마음대로 하면 안 되지'라고 생각했는데 분노가 안개같이 사라지는 것을 경험했다.

무기로 가장 많이 사용한 말씀은 고린도전서 13장, 사랑장 말씀이었다. 6남매를 키우려면 얼마나 오래 참아야 할 때가 많은지…. 혼자 중얼거렸다.

"사랑은 오래 참고 사랑은 온유하며"(고전 13:4).

"성내지 아니하며 악한 것을 생각하지 아니하며"(고전 13:5).

"모든 것을 참으며 모든 것을 믿으며 모든 것을 바라며 모든 것을 견디느니라"(고전 13:7).

내 안에는 참을 힘이 없지만, 내 안에 사랑이 없을 때도 말씀을 의지하는 마음으로, 이 말씀대로 내게 임하여주시길 기도하는 마음으로 말씀을 암송하고 선포하면 순간의 위기를 모면할 수 있는 은혜를 주셨다.

주야로 읊조려야 빼 들기가 쉽다

이 훈련을 하면서 한 가지 깨닫게 된 것이 있다. 일상에서 설거지할 때나 소파에 누워서 쉴 때나 한적할 때 등 이럴 때 중간중간에 말씀을 읊조리지 않다가 갑자기 화가 날 때나 뭔가 공격이 있을 때 비로소 말씀을 빼 들려고 하면 잘되지 않았다.

"사랑은 오래 참고" 이렇게 말씀을 무기로 빼 들고 말씀을 선포한다는 것은 내 영을 말씀에 복종시키겠다, 내 주인 되신 주님께 내가 주인이 되지 않겠다, 그런 뜻인데 그게 일상에서 되어 있지 않다가 갑자기 하려고 하면 잘되지 않을 때가 많았다.

'그래서 시편 1편 말씀에 복 있는 사람은 주야로 그 말씀을 묵상한다고 했구나….'

많은 분들이 이미 알고 계신 것처럼, 여기서 '묵상'한다는 것은 우리가 생각하듯 조용히 머릿속으로 생각하는 묵상(默想)이 아니라

'하가'(Hagah), 즉 작은 소리로 읊조린다는 뜻인데, 늘 주야로 말씀을 중얼중얼 읊조릴 수 있는 그 사람이야말로 참으로 복되고 복 있는 사람이다.

그후로 아이들에게도 우리가 암송한 말씀을 말씀의 검으로 빼드는 것, 무기로 사용하면서 승리하는 것에 대해서 기회가 되는대로 이야기하기 시작했다.

어느 날 보니, 내가 언제 (암송 안 하겠다고) 그랬냐는 듯이 세이가 하루에 몇 절씩 새 암송을 추가해가며 열심을 내어 암송하고 있었다. 그런 세이에게 "세이야, 그렇게 열심히 암송해서 뭐 하려고?" 하고 물었더니 씩 웃으면서 이렇게 대답했다.

"무기로 사용할 거예요. 그리고 오늘은 암송하는 시간 말고도 중간중간에 몇 번이나 말씀을 읊조려보았어요."

그 대답을 듣는데 참 너무 감사하고 감격스러웠다. 우리 부모들이나 아이들이나 말씀으로 물리치는 이런 경험들, 그리고 그 승리의 경험들이 많아질수록 말씀이 얼마나 능력이 있는지를 깨닫고, 그래서 말씀을 더 사모하게 되는 것 같다.

나도 말씀을 늘 사모하게 되는 것도 아니고, 때로는 억지로 암송하기도 한다. 하지만 암송한 말씀을 쭉 읊조리다 보면 눈물이 날 때가 많고, 내 안의 생각들이 말씀의 빛으로 정리되고 하나님의 마음이 부어지면서 육신의 생각은 떠나가고 성령의 생각이 들어오는 것을 경험할 때가 많았다.

어느 날, 아이들을 다 재우고 혼자 누워서 암송했던 말씀들을 복습하고 있을 때였다. 고린도전서 13장 12절을 암송하는데 "지금은 내가 부분적으로 아나 그때에는 주께서 나를 아신 것같이 내가 온전히 알리라"에서 눈물이 터지려고 했다. 나는 바로 일어나 암송 일기를 썼다.

지금은 왜 나에게 이런 일이 일어났는지, 왜 나는 이렇게 살아야 하는지 이유를 알 수 없는 것들이 많다. 특히, 아이로 인해 힘겨운 마음이 저 천국에서 주님 앞에서는 모든 것을 알 수 있다고 생각하니 눈물이 나고 위로가 되었고, 온전히 알게 될 그 날이 더욱 기대가 되고 사모가 되었다.
주님! 다 가르쳐주실 그 날이 있다니, 잘 견뎌보겠습니다. 그날 품에 꼭 안고 다 말씀해주세요. '아, 그래서 그러셨구나' 다 깨달아져서 눈물로 주님 품에 안겨서 다 쏟아낼 날을 기다릴게요.

아버지, 오늘도 말씀을 통해 제게 말씀해주셔서 너무 감사합니다.
좋은 밤이에요, 하나님. 굿나잇!

직접 말씀으로 싸우는 자녀로 키워라

넷째 로이의 음성틱이 심해지고 나서 나에게 틱보다 더 충격적인 사실이 있었는데, 그것은 로이의 마음속에 로이를 괴롭히는 악한 생각과 악한 말들이 있다는 것이었다. 7살짜리 아이한테 어떻게 이런 일이 있을 수 있는가 싶기도 했고, 앞으로 어떻게 해야 하나 막막하기만 했다. 아이를 데리고 현지 병원에 가 볼까도 싶었지만 외국어의 한계가 있는데 의사가 이해를 할 수 있을까 싶었다.

어느 날은 힘들어하는 로이를 안고 얼굴을 비비며 마냥 울었다.

"하나님, 우리 로이 불쌍해서 어떻게 해요? 우리 로이 힘들어서 어떻게 해요? 우리 로이 앞으로 어떻게 살아가야 해요? 하나님, 우리 로이 불쌍히 여겨주세요."

울면서도 우리가 할 수 있는 것은 '말씀을 무기로 붙드는 것'밖엔 없었다. 예수님의 능력의 이름을 의지하여 그 악한 생각과 말들을 대적하고 쫓아버리고, 암송한 말씀을 무기로 빼 드는 것을 아이와 함께했다. 매일 암송을 마치면, 어느 사모님의 조언에 따라 아이와 함께 외치기 시작했다.

"나는 하나님의 사랑받는 자녀다!"

"나는 하나님의 사랑받는 자녀다!"

"그 어떤 악한 것도 나를 조종할 수 없고 나를 괴롭힐 수 없다!"

"그 어떤 악한 것도 나를 조종할 수 없고 나를 괴롭힐 수 없다!"

"예수님 이름으로 명하노니, 악한 사단아, 내게서 떠나가라!"

"예수님 이름으로 명하노니, 악한 사단아, 내게서 떠나가라!"

"나는 하나님의 아들이다! 할렐루야! 아멘!"

"나는 하나님의 아들이다! 할렐루야! 아멘!"(짝짝짝)

함께 힘차게 박수를 치고 로이에게 말했다.

"로이야, 혹시 그런 생각이 들 때마다 암송했던 말씀 중에 아무 말씀이라도 무기로 빼 들어서 선포하고 물리쳐라, 알겠지?"

어느 날, 로이가 와서 "어머니, 오늘은 시편 23편 1절 말씀으로 물리쳐 봤어요. '여호와는 나의 목자시니 내게 부족함이 없으리로다' 암송하고 예수 이름으로 떠나가라고 했어요."

"와~ 로이, 너무 대단하다! 너무 멋지다!"

그렇게 로이와 말씀을 무기로 빼 드는 것에 대해서 이야기를 하다 보니, 언제부턴가 암송하기 전에 기도를 시키면 로이는 이렇게 기도하곤 했다.

"하나님, 오늘도 암송합니다. 암송할 때 지혜를 주시고 암송한 말씀을 무기로 빼 들 수 있게 해주시고 무기가 더욱 많아지게 해주세요. 예수님의 이름으로 기도합니다. 아멘."

엄마로서 아이를 지켜보니, 로이는 정말 예수님을 사랑하는 마음이 누구보다도 큰 아이였고 그래서인지 영적으로도 민감한 아이였다. 처음에는 아이의 상황에 눈물만 났지만, 하나님께서 이 아이를 통해 하실 일을 기대하기로 했다.

"로이야, 너는 한국 교회와 열방에 아주 위대하게 쓰임 받을 거야."

낙심과 절망을 넘어서서 아이에게 축복의 말을 해줄 수 있는 믿음을 주셔서 감사했다. 그리고 로이를 통해서 한 가지 깨닫게 된 것은, 아이가 내 품에 있는 것 같지만 내가 다 지켜주지 못할 때도 있다는 것이다. 로이처럼 아이가 직접 예수님을 붙들고 말씀을 무기로 앞세워 싸워야 할 때도 있다. 아직 아이가 어린 것 같아도 영적으로 일찍 홀로서기가 필요할 수도 있다. 아이들을 키울수록 부모인 내가 해줄 수 있는 것이 별로 없는 것 같아 주님을 더욱 의지할 수밖에 없다.

하나님께서 우리에게 주신 강력한 무기인 말씀을 붙들고 이렇게도 싸워보고 저렇게도 싸워보며, 때론 울면서라도 말씀을 선포하며 살아있는 하나님의 말씀이 나를 다스리고 역사하는 것을 우리 모두가 더욱 경험하길 기도한다.

말씀 전수의 사명

아이를 낳고 엄마가 되고, 주님께서 내게 부탁하신 대로 말씀으로 키워드리기 위해 몸부림치는 동안, 신앙을 전수하고 말씀을 전수하는 데에는 그것을 사명으로 알고 헌신하는 누군가가 반드시 있어야 한다는 것을 깨달았다.

주님을 사랑하지만 그 마음이 늘 뜨겁지는 못할 수도 있듯이, 아이들을 말씀으로 키워야겠다고 다짐하지만 매일 순종해서 그 일을 감당하는 것이 참으로 쉽지 않을 수도 있다. 나 또한 내 감정과 기분에 상관없이, 그것에 동요되지 않고 때로는 억지로도 순종하며 자리에 앉아 아이들을 불러 모았다. 때로는 체력이 되지 않아서 일어나지 못하고 침대에 누워서라도 아이들을 오라고 해서 지금까지 암송한 말씀들을 복습이라도 하고 기도해주고 마치기도 여러 번이었다.

그리고 하나님께서 내게 더 부탁하신 것은 기도의 헌신이었다. 아이들에게 말씀을 먹인 것에서 그치지 않고 누군가는 그 말씀이 아이에게서 역사하고 열매 맺도록 기도로 섬겨야 한다는 것이었다.

이러므로 우리가 하나님께 끊임없이 감사함은 너희가 우리에게 들은 바 하나님의 말씀을 받을 때에 사람의 말로 받지 아니하고 하나님의 말씀으로 받음이니 진실로 그러하도다 이 말씀이 또한 너희 믿는자 가운데에서 역사하느니라 **살전 2:13**

그래서 암송을 마친 후에는 아이의 머리에 손을 얹고 암송한 말씀으로 축복기도를 해주고, 아이들을 위해서 기도할 때마다 그 말씀이 아이 안에서 역사하는 능력의 말씀, 생명의 말씀이 되도록 기도로 돕는 일까지 헌신이 필요했다.

어느 날, 예이의 암송을 마치면서 예이의 머리에 손을 얹고 "하나님, 우리 예이가 오늘 암송한 말씀이 오늘 하루 살아가면서 생각나는 은혜를 주세요"라고 기도했는데 저녁때쯤 예이가 나에게 와서는 "어머니, 오늘 어머니가 말씀이 생각나는 은혜를 달라고 기도해주셨던 게 기억나서 오늘 암송한 말씀을 놀면서 혼자 읊조려보았어요" 하는 것이었다. 그 말을 듣자 기도로 돕고 섬기는 이 일이 얼마나 중요한지를 더욱 깨닫게 되었다.

아이들이 암송한 말씀, 아이들이 주목해서 읽은 말씀이 아이들 안에서 역사하는 능력의 말씀, 생명의 말씀이 되게 해달라고 기도하면서 내가 상상하고 꿈꾸는 장면들이 있다. 말씀을 암송하다가 강력한 성령의 만지심이 있어서 말씀 앞에 고꾸라져서 통곡하며 주님을 찾는 아이들의 모습, 그리고 말씀을 읽다가 성령께서 비추어주시는 조명하심 속에서 진리를 깨닫고 주와 복음을 위해 살기를 결단하는 아이들의 모습이다.

아이들에게 말씀을 먹이는 삶을 살아가면서 내 인생의 목표가 단순해지는 것을 느꼈다. 만약 누군가가 나에게 남은 인생의 목표가 무엇이냐고 묻는다면, 내게 주신 이 여섯 아이에게 부지런히 말씀을 전수하고, 이 아이들이 결혼해서 그들의 아들딸에게도 말씀을 잘 전수하도록 옆에서 조언하고 돕는 것이라고 말하고 싶다.

말씀 전수 성인식

가끔 이런 상상을 해본다. 나의 아들 다섯 명이 결혼을 하면 며느리들도 5명이 들어오게 될 텐데 다섯 며느리와 말씀 먹이는 엄마들의 모임인 '왐모임'(Wise Moms Club)을 할 수 있을까? 며느리들에게 반찬도 가끔 만들어주고, 힘들어할 때면 아이들도 봐주고 도우면서 며느리들에게도 나의 이 사명을 잘 전할 수 있을까? 돈을 조금씩이라도 모아두었다가, 훗날 아이들이 다 결혼해서 가정을 꾸리면 명절이나 온 가족들이 모이게 될 때마다 가족별 성경암송대회나 성경퀴즈대회를 열어서 손자손녀들에게 좋은 선물들도 많이 주면서 말씀을 가까이하고 사랑할 수 있도록 격려하면 어떨까?

어느 날, 첫째 세이와 '성인식'에 대한 이야기를 나누게 되었다. 세상의 성인식은 너무 쾌락적이고 음란한 부분이 많다고 말해주는데 그때 하나님께서 내게 '말씀 전수 성인식'에 대한 영감을 주셨다. 아이가 스무 살이 되면, 온 가족이 함께 모여 스무 살이 될 때까지 몇 절의 말씀을 암송했든 그때까지 아이의 마음에 새겨진 그 말씀을 아이가 암송하며 하나님께 올려드리고, 부모인 우리가 아이에게 사명을 전수하는 것이다.

"지금까지 우리는 너에게 이 말씀을 심어주었다. 이제 이 말씀 붙들고 앞으로 세상을 살아가거라. 그리고 너는 이 말씀을 잘 간직하고 있다가 네가 결혼해서 아들, 딸을 낳거든 간직한 이 말씀을 너의 자녀들에게 또 그대로 전수해주거라."

나는 꿈을 꾼다. 모든 믿음의 가정에서 자녀들에게 신앙을 물려주고 말씀을 전수하는 이 아름다운 일들이 일어나길. 그래서 우리의 신앙이 대를 걸쳐 전수되어 믿음의 명가를 이루는 가정들이 세워질 수 있도록 주님께서 도우시길….

CHAPTER

5

약한 데서 온전하여
지는 눈물의 기적

함께 키우신다

누구나 결혼 전과 후에 많은 변화가 있겠지만, 나에게 결혼을 하자마자 일어난 가장 큰 변화는 '사모님'이라는 호칭이었다. 26세, 철 없던 나에게는 그 호칭이 참 큰 부담이 되었다. 머리가 하얗게 센 할머니 권사님들도 "사모님" 하고 부르시며 꼬박꼬박 존댓말을 쓰셔서 나는 어쩔 줄을 몰랐다. 하나님을 향한 뜨거운 갈망은 있었지만 말씀은 잘 모르는 무지한 사모였고, 성품도 미성숙함이 곳곳에 드러나 성화가 많이 필요한 사모였다.

이듬해, 첫째를 낳고 엄마가 된 후 상상 속에서는 아이를 앉혀놓고 성경 지도를 펼쳐놓고 지리적으로 문화적으로 설명을 해주는 '말씀 교사' 역할을 잘 감당하는 모습이었지만 현실은 어떤 분이 나에게 성경에 대해서 뭐라고 질문할까 봐 고개가 숙여지는 부끄러운 모습이었다. 그런데 성경을 배우고 연구할 여유도 없이 나는 계속되는 출산과 입양과 육아로 늘 정신이 없었다.

하나님의 지혜와 은혜는 끝이 없으셔서 그런 나를 당신의 탁월한 방법으로 인도하셨다. 그것은 '아이와 함께 자라게' 하시는, 아이도 키우시고 나도 키우시는 아버지의 방법이었다.

"말씀으로 키워다오"라는 하나님의 음성에 순종하기 위해 아이와 한 절씩 말씀을 암송하면서, 청년 때는 해본 적도 없는 말씀 암송을 해나가기 시작했다. 말씀을 읽는 것과는 또 다른 강력한 은혜가 있었다.

첫째 세이와 야고보서 통째 외우기에 도전하여 다섯 장 전체를 암송했을 때, 자녀가 '동역자'가 되게 하시는 은혜를 깨닫게 하셨다. 부모 혼자서는 할 수 없을 일들을 '함께함'을 통해서 해내게 하시는 은혜였다. 아이들이 글을 읽게 되자 함께 말씀을 읽고 나누면서 성경 전체를 보는 힘과 성경 지식이 쌓여갔다.

어느 날은, 막둥이를 재우고 큰방에서 나와서 큰아이들에게 물어보았다.

"오늘 말씀 짧니?"

"어머니, 오늘은 엄청 길어요. 특히 절이 엄청 뚱뚱해요. 한 절에 네다섯 줄의 말씀이 있어요."

"주여…."

참 나도 아이들과 수준이 똑같았다. 그날 읽어야 할 말씀의 분량이 짧으면 좋아하고, 읽을 분량이 많으면 한숨을 내쉬는 엄마였다. 하지만 아이들이 읽으니 나도 읽어야 하고, 엄마도 읽으니 아이들도 읽고, 그렇게 우리는 '함께' 읽으며 성경을 배우고 알아갔다.

함께하기, 함께 나누기

시간이 흐르면서 하나님은 내게 신앙훈련에서 부모가 '함께하고 함께 나누는 것'의 중요성을 깨닫게 해주셨다. 혹시나 우리가 이런 잘못을 범하고 있지 않은지 생각해보자. 부모인 나는 하지 않으면서 자녀들에게 강요하는 것 말이다. 부모는 말씀 한 구절 암송하지 않으면서 자녀에게는 하라고 강요하고, 부모는 말씀 읽지도 않으면서 자녀에게는 읽으라고 큰소리치고 있지는 않은가?

나는 많이 경험했다. 부모인 내가 불타서 본을 보이면 아이들도 함께 잘 따라왔지만, 내가 여러 일로 분주해서 말씀을 놓쳐 버렸다가 어느 날 정신을 차려 아이들을 돌아보면 아이들도 마음이 많이 식어서 하는 둥 마는 둥 하며 지내오고 있는 것을 보게 되었다. 아이들도 연약한 죄인인지라 말씀 훈련이 날마다 기쁠 수 없고, 할 수만 있으면 안 하고 노는 것이 좋을 테지만, 부모가 말씀을 붙들고 있는 그 모습이 아이들에게 '무언의 권면'이 된다.

각자가 읽고 묵상한 말씀을 '나누는 것'도 중요하다는 것을 알게 하셨다. 우리 집은 언제부턴가 가정예배 때 말씀 암송을 하고 나서 각자가 그날 읽고 정리한 말씀을 발표하고 나누기 시작했는데, 그 시간에 아이들은 부모님의 나눔을 들으면서 '아, 저렇게도 묵상할 수 있구나' 깨닫게 되고, 부모인 우리도 '아이들이 각자의 눈높이에서 저렇게 말씀을 읽었구나' 하고 알 수 있었다. 우리 모두 아직 부족하지만, 아이들이 크면서 각자 읽은 말씀을 서로 깊이 있게 나눌 날을 기대하고 소망한다.

'내가 부모로서 준비가 다 되어 자녀들을 키웠다면 어땠을까' 하는 안타까움이 들 수도 있겠지만, 하나님은 우리로 부모의 역할을 감당케 하면서 우리의 자녀도 키우시고 부모 된 우리도 키우시는 아버지이시다. 자녀와 함께 말씀을 읽고 묵상하고 암송하면서 자녀도 우리도 함께 말씀으로 자라게 하시는 손길을 경험하게 된다. 그래서 부모가 아무리 성경에 대해서 잘 모르고 부족하더라도 자녀들과 '함께'하면서 함께 자라갈 수 있다.

때로는 자녀를 성경적으로 양육하고 말씀으로 키운다는 것이 너무 어렵게만 느껴질 수 있지만, 바보 엄마인 나를 통해서 하나님은 '아주 작은 것 하나라도 부모와 자녀가 함께 말씀에 주의하는 것을 시작하는 것만으로도 충분할 수도 있다'라는 사실을 깨닫게 해주셨다.

때로는 같이 말씀을 써볼 수도 있겠고 1년에 1독을 목표로 함께 읽어나갈 수도 있겠고 일주일에 한 절의 말씀이라도 암송해볼 수도 있을 것이다. 어떤 형태로든 각 가정의 상황에 맞게, 부모와 자녀가 함께할 수 있는 대로 시작해보는 것은 어떨까?

돌이켜보니, 6남매를 키우는 동안 하나님께서 내게 요구하셨던 것은 누구나 할 수 있는 것들이었다. 빈부귀천에 상관없이 성경책 한 권 있고 글을 읽을 수만 있으면 할 수 있는 것들이었다. 아이들 머리에 손을 얹고 기도를 해주라는 감동을 주셨을 때도 그렇고, 아무리 가난하고 아무리 못 배운 부모라 하더라도 누구든 할 수 있는 것들을 요구하셨다.

나는 그것 또한 하나님의 깊은 은혜라고 생각한다. 부모 된 우리에게 아주 작은 것을 부탁하시면서, 그 부탁에 순종하는 우리를 통해 그분의 크고 위대한 일하심을 보여주시는, 헤아릴 수도 없는 은혜와 사랑 말이다.

부모와 자녀를 함께 키우시는 아버지의 성실하신 사랑을 통해 부모도 함께 자라고 성숙해가는 기쁨이 모든 가정에 가득하길 기도한다.

함께 울고 함께 웃는 가정예배

나에게는 잊을 수 없는, 언제 떠올려도 눈물이 맺히는 가정예배의 장면이 있다. 그것은 로이의 음성틱이 심할 때 드렸던 가정예배였다. 그날 로이는 온종일 틱을 하느라 너무 피곤했는지 예배가 시작되기 전에 먼저 잠이 들었다. 로이 앞에서는 '틱'에 관해서 절대 말하지 않기로 해서 평소에는 그런 이야기를 하지 못했는데 로이가 잠이 드니까 이런저런 이야기를 나눌 수 있었다.

"어머니, 로이가 더 심해진 것 같아요."

"그래, 그런 것 같네. 너희는 그 소리 참기 힘들지 않아? 어머니는 가끔 정신이 없을 때도 있어."

잠든 로이를 중간에 두고, 우리끼리 찬양을 부르며 예배를 시작했다. 그리고 기도 시간이 되었는데, 온 가족이 로이의 몸에 손을 얹고 로이가 낫기를 합심해서 기도하자고 했다. 기도하며 남편도 울고 나도 울고 아이들도 울었다. 부모 된 우리는 가슴이 찢어질 것 같은 아픔으로 우리 아들 살려달라고, 고쳐달라고, 불쌍히 여겨달라고 눈물로 기도했고, 큰아이들은 우리 동생이 어쩌다가 이렇게 되었나 싶었는지 같이 울었다. 우리는 로이 앞에서는 울 수 없었다. 로이가 잠들었으니 그때서야 울 수 있었고, 마음을 하나님 앞에 다 토해낼 수 있었다.

시간이 흐른 후, 하나님께서 '가정예배'가 얼마나 중요한지 나에게 계속해서 말씀하시는 것 같았다. 인생을 살아가면서 우리는 고난도 당하고 위기의 순간도 맞이하고 또 환희와 기쁨의 순간도 경험하게 되는데 그럴 때마다 온 가족이 하나님 안에서 함께 그것을 이겨나가고 함께 누리는 것이 얼마나 중요한지 깨닫게 해주셨다. 로이의 틱이 극심했던 그때는 우리에게 고통의 순간이었고 어둠의 터널을 통과하고 버텨야 하는 시간이었다. 힘들고 눈물 나는 그 순간에 온 가족이 하나님 앞에서 함께 울 수 있다는 것, 그것은 참으로 큰 축복이었다.

우리의 예배에 눈물만 있었던 것이 아니다. 세상에서 얻을 수 없는 웃음과 기쁨이 가득했던 순간들도 많았다. 아이들과 함께 찬양할 때 온 가족이 일어서서 율동을 재밌게 하면서 때로는 오줌을 쌀 듯이 웃어가며 찬양할 때도 많았다. 그럴 때면, 표현하지는 않았지만, 우리 영이 하나님께 이렇게 고백하는 것 같았다.

'하나님, 우리 너무 행복해요. 온 가족이 함께 하나님 안에 있으니까 너무 행복해요!'

우리 집 가정예배의 시작

대구에서 섬기던 교회의 영아부에서 매일 가정예배 드리기 훈련을 하고 있었다. 그래도 사모인데 안 할 수 없으니 주보에 스티커를 붙여가며 열심히 했지만, 체질화가 되지 않아서 예배드리는 것을 깜박하고 잊을 때도 많았다. 그 당시 첫째가 아장아장 걸어다녔는데 예배시간이니까 못 돌아다니게 붙잡고는 5분 안에 예배를 마치곤 했던 것이 생각난다. 그것이 우리 집 가정예배의 시작이었다.

그렇게 겨우겨우 예배를 드리다가 '303비전성경암송학교'를 알게 되었고 유니게 과정을 통해 '말씀암송 가정예배'를 배우게 되었다. 가정예배 순서에서 설교는 온 가족이 함께 말씀을 암송하고 말씀을 선포하는 것으로 대신하면 되었고, 자녀가 인도하는 자녀 중심의 가정예배이기에 아이들과 함께하는 가정예배로서는 이보다 더 좋은 게 없다는 생각이 들었다.

남편이 선교 준비를 위해 전임 사역을 내려놓고 파트 사역을 시작하면서 매일 가정예배 드리는 것이 정착되기 시작했다. 그런데 조금은 이상한 의식(?)이 되어가는 듯했다. 항상 예배를 저녁 먹고 씻고 자기 전에 드렸는데, 어린아이들이 많아서 그랬는지 예배와 재우기가 동시에 진행되는 것 같았다.

어느 날은 불을 끈 채 앞이 보이지도 않는 캄캄함 속에서 예배를 드린다고 찬양하고 기도하는 우리 모습을 깨닫고 얼마나 웃었는지 모른다. 지금도 가끔 그때가 생각나면 남편과 함께 그때 우리가 그랬었다고 배꼽 잡으며 웃곤 한다. 그렇게 박장대소하며 우리의 잘못을 깨닫고 난 후에는 빨리 아이들을 재우려는 욕심(?)을 내려놓고, 불을 환히 켜고 제대로 예배드릴 수 있었다.

2016년 3월 30일, 말레이시아에 도착하고부터 지난 6년 동안 우리가 이 땅에서 무엇을 했나 되돌아보니 그저 우리는 묵묵히 매일 저녁 가정예배를 드렸다. 아이들과 함께 말레이시아 땅을 불쌍히 여겨주시길, 이 땅의 우상과 하나님 앞에 범죄함을 용서해달라고 기도했었다. 혹시나 싶어서 창문을 다 닫고 커텐을 치고 그렇게 예배를 드렸다. 선교 와서 막내를 출산하고 줄줄이 연년생에 둘이서 6남매 키운다고 하나님 앞에 대단한 선교를 한 것도 없고 늘 부끄러운 마음뿐이었는데 뒤돌아보니 남는 것이 하나 있었다. 아이들과 함께 하나님 앞에 올려드린 '예배'였다.

"어머니, 우리 가정예배는 무슨 가족모임 같아요."
첫째 세이가 한 말이다. 가정예배 순서에 찬양, 기도, 말씀암송, 그다음으로 각자의 기도 제목과 감사 제목을 나누는 순서가 있는데 그때는 이야기들이 폭발한다. 분명히 온종일 같이 있었던 것 같은데 그런데도 어떻게 서로 모르는 이야기들이 그렇게 많은지. 그리고 옛날에 있었던 이야기들까지 나오기 시작하면 예배를 드리고 있었는지도 잊어버리고 나도 말하고 너도 말하고 방이 시끄러워지기 시작했다. 그러다가 다시 정신을 차리고 합심기도 모드로 돌변해서 "주여!"를 외치며 기도하기 시작한다.
때로는 남들이 보면 이게 무슨 예배냐고 할까 봐 이래서는 안 되겠다 싶었지만, 하나님 앞에서 온 가족이 모여 재잘재잘 이야기꽃을 피우는 이 시간은 다시 오지 않을 소중한 시간이다.

그리고 예배드리려고 모였을 때 세이가 했던 말들을 나는 잊지 않고 잘 기록해두었다.

"나는 천국의 닥터야. 말씀으로 사람들을 고치는 의사가 될 거야."

"어머니, 요셉이 정말 너무 멋져요. 저도 요셉과 같은 사람이 되고 싶어요."

예배드리기 위해 모일 때 아이의 영이 맑아지는 것인지 지친 부모의 어깨를 가볍게 해주는 말들을 하곤 했었다.

예배를 통해 자라고 하나 되게 하신다

시간이 흐를수록 하나님께서 사람을 키우시는 방법에 눈이 뜨이게 된다. 하나님은 말씀을 통해, 예배를 통해 사람을 키우신다. 그런데 사람들은 그 강력한 힘을 잘 보지 못하는 것 같다. 하루에 30분 정도, 아니 하루에 10분만이라도 온 가족이 둘러앉아 예배드릴 때 얼마나 많은 하나님의 만지심이 있는지 잘 모르는 것 같다.

아이들은 배우고, 자라고 있었다. 첫째의 대표 기도를 듣고 있노라면 어른인 부모도 "아멘"이 절로 나올 만큼 기도가 많이 자랐고, 몇 마디밖에 기도를 이어나가지 못하던 둘째와 셋째도 이제는 제법 기도의 내용이 풍성해지고 있음을 발견할 수 있었다. 넷째와 다섯째는 갈수록 기도 목소리가 커지고 간절해져갔다. 막내도 졸려서 잠이 들락 말락 하는 순간에도 무의식중에도 "주여~ 하나님, 아버지~"를 중얼거리고 있었다.

하나님께서 내게 주신 깨달음은 신앙은 세대 차이가 있어서는 안 된다는 것이다. 부모가 눈물을 흘리며 부르는 찬양을 아이들도 부를 수 있어야 하고, 부모와 아이가 같은 찬양으로 은혜받을 수 있어야 하며, 부모가 부르짖어 기도하듯이 아이들도 부르짖어 기도할 수 있어야 한다. 우리 아이들이 자주 부르는 찬양은 '반드시 내가 너를 축복하리라', '우리 주의 성령이 내게 임하여', '빛의 사자들이여' 이런 찬양들이다.

나는 소망한다. 훗날에 손자, 손녀들과 함께 3대가 모여서 예배를 드릴 때, 우리 3대 안에 어떤 신앙적인 세대 차이 없이 함께 은혜받으며 찬양을 부르고 함께 뜨겁게 기도할 수 있기를….

이 땅의 모든 부모여! 가정예배를 통해 신앙을 전수하자. 함께 은혜받는 찬양을 가르치며 함께 불러보자. 어렵고 힘든 모든 순간에 가족이 하나가 되어 함께 기도함으로 이겨나가는 것을 가르치자. 그리고 우리의 기도에 하나님께서 어떻게 응답하시는지를 함께 보며 살아 계신 하나님을 아이들이 경험하게 하자. 우리 가정의 주인은 하나님이심을 예배를 통해 매일 선포하자.

좀 부족해도 괜찮다. 찬양, 말씀, 기도의 기본 순서 위에 가정의 상황에 맞게 가정의 개성을 덧입혀서 예배를 시작해보자. 한 달에 한 번도 좋고 일주일에 한 번도 좋으니 할 수 있는 대로 일단 시작해보자. 처음은 어색하고 이렇게 하는 게 맞나 싶을 수도 있겠지만, 시간이 흐를수록 가정예배의 귀하고 빛나는 가치를 부모들이 모두 알게 될 것이다. 무엇보다도 우리 아이들이 삶으로 보고 배우고 있다.

'아, 나도 커서 결혼하고 가정을 꾸리면 이렇게 모여서 예배를 드려야 하는구나.'

그래서 우리의 신앙이 대대에 걸쳐 전수되기를 소망한다.

이웃사랑이란?

지금까지 여섯 아이를 키우면서 내 힘으로는 도저히 감당할 수 없는 일들, 또 방법이 없어서 하나님 앞에 우는 것밖에 할 수 없었던 많은 시간 속에서 하나님께서는 나에게 울고 있는 또 다른 엄마들을 향한 마음을 부어주셨다.

울던 내가 울고 있는 또 다른 엄마들을 떠올려보니, 똑같이 아이를 키우는 엄마이지만 그중에서 가장 약자는 '미혼모'가 아닐까 하는 생각이 들었다.

하나님께서 책을 쓰라는 감동을 주신 후, 책 쓰는 것을 배우지도 못했고 아는 것도 없던 내가 주님께서 주시는 영감과 아이디어로 책 한 권 분량의 원고를 완성해 냈고, 정말 기적과 같이 꿈에 그리던 책을 출간하게 되었다.

출판사에서 인세를 받았을 때, 결혼하고 처음으로 내 이름으로 된 수입이 생겼다는 감격은 참으로 컸다. 또 다른 우는 엄마들에 대한 마음은 가득해도, 후원금으로 사는 선교사 가정에서 내가 무언가 할 수 있는 것은 없는 것만 같았는데 인세 수익이 생기니 이 돈은 정말 신나게 미혼모들을 위해 기부할 수 있었다.

언젠가 어느 집사님이 이렇게 물어오셨다.

"사모님, 아무리 그래도 그 돈을 다 그렇게 미혼모들을 위해서 쓰는 게 좀 그렇지 않으셨나요? 책 한 권을 쓰기까지 힘들게 애쓰신 부분들도 있으실 텐데 사모님을 위해서, 또 아이들을 위해서 쓰고 싶지는 않으셨어요?"

참 감사하게도 단 한 번도 그런 생각이 들지 않았다. 꼼짝없이 노트북 앞에 앉아서 쓰고 또 쓰고, 읽고 또 읽고를 반복하며 힘들게 고생한 것을 보상받고 싶은 생각은 조금도 없었다.

"집사님, 저는 제가 누구인지 잘 알아요. 저로서는 그렇게 책을 쓸 수도 없고, 썼다 한들 어느 누가 출판해준다고 하겠습니까? 그렇게 이루어진 것은 전적으로 하나님 은혜인 것을 잘 알기 때문에 하나도 아깝지 않고 오히려 감사할 뿐이에요."

그런데 놀랍게도, 내가 그렇게 다 흘려보냈어도 하나님께서 우리 가정을 생각해주시고 기억해주셔서 오히려 더욱 넘치도록 채워주시니 이것을 보는 것이 나에게는 또 다른 은혜였다.

언젠가 남편이 《엄마라도 불러도 돼요?》(두란노)라는 책을 쓴 케이티 데이비스에 관해 들려주었다. 열여섯 살 때 우간다로 봉사활동을 갔다가 우간다를 사랑하게 된 그녀는 대학 진학도 포기하고 그 땅에 다시 들어가 열네 명 고아들의 엄마로 살고 있었다.

그녀는 인터뷰 중에 "참 운이 좋으시네요. 하나님이 당신의 삶에 무엇을 원하시는지 찾았잖아요"라는 말을 듣고는 "저는 이해가 안 돼요. 제가 찾은 게 아니에요. 성경에 나와 있을 뿐이에요. 믿는 사람은 어떻게 살아야 하는지 나와 있어요. 마음을 다하여 주를 사랑하고 너 자신처럼 이웃을 사랑하라고요. 저는 배고픈 게 싫어요. 그래서 이 세상 사람들도 굶주리지 않았으면 좋겠어요"라고 대답했는데 그 말이 내게 '이웃사랑'에 관한 구체적이고 실제적인 나침반이 되었다.

'네 이웃을 사랑하라는 것이 이런 거구나….'

내가 배고픈 게 싫으니까 배고픈 사람에게 먹을 것을 줄 수 있고, 내가 부모 없이 사는 게 싫고 힘든 줄 아니까 부모 없는 아이들에게 부모가 되어줄 수 있고, 내가 싫고 내가 힘든 것을 다른 사람은 겪지 않았으면 하는 마음으로 우리가 섬길 수 있는 것이었다.

맛있는 음식으로 응원하기

시간이 갈수록 《바보 엄마》 책 판매량은 점점 줄고 그에 따라 송금되는 인세 역시 줄어서 큰 금액을 기부할 수는 없었지만, 그때부터 나는 내게 붙여주신 미혼모 시설들의 엄마들에게 '맛있는 것'을 사주는 일을 하기 시작했다.

생각해보니, 극한 육아를 감당하면서 하나님의 만지심과 은혜로 힘을 얻는 일도 물론 많았지만, 유독 나는 '맛있는 것'을 먹으면 기분이 좋아지고 힘이 나는 것을 많이 경험했다. 엄마들은 다 공감하겠지만, 라면 한 그릇이라도 내가 요리하지 않고 남이 해주는 밥은 다 맛있다. 그리고 먹고 싶었던 것을 먹고, 맛있는 음식을 먹을 때의 행복도 컸다. 그래서 내가 미혼모들의 삶에 대단한 무언가를 해줄 수는 없지만, 맛있는 한 끼의 행복을 전해주고 싶었다. 인세를 모아서 20만 원이 채워지면 시설 담당자들께 돈을 보내드리면서 엄마들 먹고 싶어 하는 거 사주십사 부탁을 드렸다.

어느 날, 예쁜 신생아 사진 한 장과 함께 시설 원장님께 카톡 메시지를 받았다.

'사모님, 잘 지내시지요? 사모님께서 보내주신 후원금으로 맛있는 간식 먹고 오늘 건강한 여자아이가 3.66kg으로 태어났습니다. 기도해주시고 관심 가져주셔서 감사드립니다.'

메시지를 읽고 건강한 모습의 아기 사진을 보는데 또 눈물이 터졌다.

'하나님! 제가 뭐라고. 그리고 그게 무엇이라고…. 그런데 정말 감사해요, 출산을 앞둔 엄마에게 제가 아주 작은 거라도 힘을 보태 줄 수 있어서 정말 감사해요.'

하나님께서 미천한 나를 통해 계속해서 글을 쓰게 하신다면, 그로 인해 얻게 하시는 수익은 앞으로도 계속해서 이 엄마들에게 아주 작은 힘이라도 되게 하고 싶다. 그래서 내 글이 '사람을 살리는' 생명의 통로가 되기를 간절히 기도한다.

그의 기르시는 양이로다

말레이시아에서 아이들의 학교를 그만두게 하고 홈스쿨로 전환하면서 맞닥뜨린 가장 큰 문제는 비자 해결이었다. 그전까지는 아이들이 다니는 학교에서 우리 온 가족의 비자를 책임져줘서 비자 걱정 없이 살 수 있었는데 학교를 그만두고 나니 우리가 직접 비자를 해결해야만 했다.

학교를 그만둠과 동시에 우리 가족은 비자를 놓고 매일 가정예배 때마다 기도했다. 남편은 남편대로 이리저리 알아보고 주변 분

들을 통해서 알게 된 에이전시(Agency)에 보증금을 보내고 비자를
진행하려고 했다. 그런데 '코로나19'로 인해, 안 그래도 느린 말레
이시아 이민국 행정이 아예 멈춰버린 것 같았다. 몇 달을 기다려도
좀처럼 비자가 진행되지 않았고, 마지막 세 번째 에이전시에 보증
금을 보내고 비자 진행을 기다리다가 결국 비자는 만료되고 우리
는 불법체류자가 되었다.

　또 다른 곳에 비자를 신청해볼까 했지만, 거의 1년 가까이 비자를
위해서 온 가족이 기도했는데 번번이 안 되게 하시는 것을 보면 다
른 뜻이 있으신 것 같기도 했다. 우리는 결정을 내려야 했고, 모든
것을 정리하고 한국으로 들어가기로 했다. 어느새 6년차 선교사였
던 우리는 고국에 가서 안식년을 갖기로 하고 귀국을 결심하였다.

　그때도 내가 할 수 있는 것은 기도밖에 없어서, 아이들이 일어나
기 전에 새벽에 일찍 일어나서 큰 방 모퉁이의 장롱문 사이에 들어
가 그곳을 나의 기도실로 만들고 기도하기 시작했다. 어느 날은 기
도하다가 서러운 눈물이 쏟아졌다. 이 많은 살림을 정리하고 몇 가
지만 챙겨서 들어가기로 했는데, 이 모든 것을 잃는다는 상실감과
이유 모를 '실패감'이 나를 짓눌렀다. 선교사로서 처음 겪는 이 상
황을 누군가가 나에게 알아듣게 설명해주고 조언해주었으면 좋겠
다는 생각이 절로 들었다.

그렇게 며칠을 계속해서 나를 힘겹게 하는 생각들과 씨름하며 눈물로 기도하고 있는데, 성령께서 내 기도를 만지기 시작하셨다. 우리가 실패해서 부끄러운 모습으로 어쩔 수 없어서 한국으로 들어가는 것이 아니라, 하나님께서 우리를 향한 놀라운 뜻과 계획으로 한국으로 보내고 파송하신다는 생각을 부어주셨다. 나를, 남편을 하나님께서 사용하실 장면들이 그려지면서 마음이 뜨거워졌다. 그때, 내가 생각지도 못한 기도가 절로 나오기 시작했다.

"하나님, 저를 한국에 보내셔서 제가 세워지는 곳마다 하나님을 향한 간절함이 회복되는 역사가 일어나게 해주시옵소서! 가는 곳마다 간절함이 회복되는 불쏘시개로 나를 사용해주시옵소서!"

지금까지 이런 경험을 몇 번 했었지만, 전혀 생각지도 못했던 내용의 기도를 어떻게 내가 하게 되는지, 그 기도를 말하면서 내가 깜짝 놀라고 말았다.

기도를 통해 이 상황이 새롭게 해석되니까 그때부터는 오직 은혜와 감사함으로 기쁘게 살림을 정리할 수 있었다. 주변에 목사님, 선교사님 가정들에 나누고 또 나누는데 드릴 수 있어서 감사했다. 나머지 살림은 집 앞에 가판대를 만들어 우리 타운하우스 이웃들에게 말도 안 되는 싼 금액에 팔았다. 우리가 살림을 판다는 소문이 순식간에 퍼져서 현지인 이웃들이 너나 할 것 없이 와서 사 가는데 떠들썩한 장터 분위기 같았다.

남편과 '영혼까지 끌어서' 팔았다고 웃으면서 얘기할 정도로 열심히 팔아서 수익금은 말레이시아에 있는 동안 우리가 섬겼던 고아원에 기쁘게 보냈다. 그렇게 다 주고, 2021년 7월 30일에 우리는 한국으로 돌아왔다.

입을 것을 보내주세요!

자가격리가 끝나고 살림살이를 마련하고 지내다 보니 어느새 찬바람이 불기 시작했다. 우리가 가지고 온 옷들은 다 반팔에 바람막이 잠바 정도였는데 날씨가 추워지니 입을 옷이 가장 큰 문제였다. 필요하면 사서 입으면 되지, 하고 나갔더니 바지 1벌에 2만 원이 넘었다. 여섯 아이 옷을 다 해결하려면 사서는 불가능하겠구나 싶어 막막함이 엄습했는데, 아이들과 암송했던 이 말씀이 생각났다.

여호와가 우리 하나님이신 줄 너희는 알지어다 그는 우리를 지으신 이
요 우리는 그의 것이니 그의 백성이요 그의 기르시는 양이로다 시 100:3

말씀이 생각나면 근심은 끝이다. 하나님께서 들으실 수 있도록 크게 이 말씀을 암송하고는 "하나님, 우리는 하나님께서 기르시는 양인데 옷도 입혀주시면서 기르시는 게 당연한 거 아닌가요? 저 이제 걱정 안 합니다. 하나님께서 입을 것을 보내주세요!" 이렇게 큰

소리를 치고 나니 배짱도 생기고 뭔가 도전해 볼 용기도 생겼다.

　나는 내가 살고 있는 양산 웅상지역 카페에 6남매 입을 헌 옷을 구한다고 글을 올리고, 남편은 후원자들에게 아이들 입힐 겨울옷이 필요하니 있으시면 보내달라는 메시지를 보냈다. 내가 올린 글에도 옷 받으러 오라는 댓글이 달리기 오기 시작했고, 며칠이 지나자 남편의 메시지에 응답하여 옷 택배가 도착하기 시작하는데, 순간 '큰일 났다!'라는 생각이 들 정도로 오고 또 오고, 온 집이 옷 택배 박스로 가득 차기 시작했다.

　내가 하나님 앞에서 옷 책임지시라고 큰소리친 것이 생각나면서 '역시 하나님의 스케일은 정말 보통이 아니시네!'라는 감탄이 터져 나왔다. 감사와 감탄도 잠시, 보내주신 옷을 정리한다고 옷에 파묻혀 살아야 하는 날들이 많아서 '하나님, 이제 그만 보내주세요'라는 기도가 나왔다.

　옷을 정리하는 동안 생각나는 분들이 있었다. 동남아시아에서 한국에 들어오신 선교사님 가정은 대부분 겨울옷이 없었다. 그래서 생각나는 가정마다 박스에 옷을 챙기기 시작했다. 어느 날은 3남매를 두신 사모님 댁에 옷을 챙겨드리려고 아이들 박스 1개씩 3개와 사모님 박스 하나, 이렇게 네 박스를 놓고 옷을 분류하기 시작했는데 한 박스씩 옷이 다 채워지는 것을 보고 혼자서 너무 감탄했다. 그리고 또 생각나는 가정이 있어서 연락을 드렸다.

"사모님, 아이들 겨울옷은 있으세요?"

"없어요."

"혹시 사모님 입으실 겨울옷은 있으세요?"

"없어요. 혹시 남는 거 있으세요?"

사실 나와 남편도 그랬지만, 아이들 옷 없다고 보내달라고 말할 수는 있어도 어른인 우리 옷도 없다고 말할 수는 없었다. 그런데 옷 박스를 받고서 남편과 나도 입을 수 있는 옷들도 보내주신 것을 보니 눈물이 났다.

'아, 하나님께 우리도 기르시는 양이지? 우리도 입히시는 아버지시지!'

그런 나와 마찬가지로 다른 선교사님들도 아이들 옷은 없다고 말하면서 정작 본인은 옷 없다고 말씀도 못 하시는 게 너무도 공감이 되어 마음이 아팠다.

그렇게 하나님께서 넘치도록 보내주신 옷들로 태국, 말레이시아에서 오신 선교사님들 가정에 겨울옷을 보내드리고, 다섯 자매를 키우는 집사님께도 드리고, 또 남은 옷은 추석 명절에 들고 가서 형님들, 시어머니, 친정어머니께 드리니 옷 잔치가 되었다. 그러는 동안 하나님께서 떠오르게 하시는 말씀이 있었다.

무명한 자 같으나 유명한 자요 죽은 자 같으나 보라 우리가 살아 있고 징계를 받는 자 같으나 죽임을 당하지 아니하고 근심하는 자 같으나 항상 기뻐하고 가난한 자 같으나 많은 사람을 부요하게 하고 아무것도 없는 자 같으나 모든 것을 가진 자로다 고후 6:9,10

나도 옷이 없고 다 살 수가 없어서 옷을 보내달라고 기도했는데, 가난한 자 같은 나를 통해 주변 많은 사람에게 겨울을 따뜻하게 보낼 수 있도록 옷을 나눠주게 하시는 하나님나라의 역설적 진리가 나를 참으로 감동케 했다.

아버지, 너무 불쌍하잖아요

어릴 적 기억을 거슬러 올라가서 어머니를 떠올리면 생각나는 장면이 두 가지 있다.

먼저 한 장면은, 아버지가 암으로 돌아가신 후 어머니가 생계를 위해서 식당 일을 하러 다니셨는데, 일을 마치고 오신 어머니의 팔 뒤쪽에 고추장 같은 양념이 크게 묻어 있던 모습이다. 그것을 씻거나 닦을 여유도 없이 일하신 것 같아서 마음이 아팠다.

또 한 장면은 일을 마치고 오신 어머니가 너무 배가 고프셨는지 먹을 것을 찾다가 식빵을 발견하고는 막 드실 때의 모습이다. 그

식빵은 유통기한이 지난 데다가 푸른곰팡이가 피어있어서 내가 먹으면 안 된다고 했지만 어머니는 상관없다면서 허겁지겁 드셨다.

어머니는 종종 이런 말씀을 하셨다.

"아무 때나 살지, 아무 때나 살지⋯."

'아무 때나'는 '아무렇게나'를 사투리로 쓰시는 어머니의 말이다. 그 당시 어린 나는 어머니가 그렇게 말씀하시는 것이 싫었다.

'왜 아무렇게나 산다고 말씀하시지? 잘 살아야지, 왜 아무렇게나 살아⋯.'

그런데 내가 결혼하고 아이를 여섯이나 키우다 보니 살림이며 청소며 아이들 먹이고 씻기고 입히는 거며 마음으로는 다 잘하고 싶었지만 육신의 한계가 있다 보니 다 잘할 수가 없었다. 어느 날은 집안 곳곳에 청소해야 할 찌든 때들, 정리해야 할 것들이 눈에 보이는데도 다 할 수가 없어서 눈을 질끈 감아버리는데 문득 어머니의 그 말이 생각나서 눈물이 났다.

'아무렇게나 살지, 아무렇게나 살지⋯.'

나도 나이가 들고 인생을 살아보니, 남편 잃은 과부가 혼자서 돈 벌어 자식 먹이고 공부시키고, 집에 고장 난 것들이며 모든 일을 처리해야 하는데 다 할 수가 없으니 이렇게라도, 아무렇게라도 살아야 한다는 어머니의 그 마음이 헤아려졌다.

변하지 않으시는 친정어머니

나는 여덟 살 때부터 언니 손에 이끌려(?) 교회를 다니게 되었다. 언니와 나를 제외하고는 부모님도 오빠도 교회에 다니지 않았기 때문에 어릴 적부터 나의 기도에는 우리 가족이 예수님을 믿게 해달라는 기도가 빠지지 않았다. 그런데 아버지와 오빠는 결국 예수님을 믿지 않으신 채 돌아가셨다.

내가 대학생 때 교회 어느 선생님이 "부모님의 구원을 위해 한 달 동안 아침 금식을 하고 새벽기도를 드렸는데 한 달 후에 부모님이 교회에 나오게 되셨고 예수님을 믿게 되셨다"라는 간증을 하셨다. 그 간증을 듣는데 너무 가슴이 뛰고 나도 저렇게 해봐야겠다는 생각이 들어 한 달간 아침을 금식하며 새벽 기도에 나가서 우리 엄마 예수 믿게 해달라고 정말 간절히 기도했다.

그런데 한 달이 거의 다 되어가는데 아무 일도 일어나지 않는 것 같았다. 대신 어머니가 물으셨다.

"와 아침밥을 안 묵노? 그리고 왜 그렇게 새벽마다 교회를 가노?"

"누가 한 달 아침 금식을 하면서 새벽에 기도했더니 부모님이 교회에 나가시게 되었다고 해서 저도 우리 엄마 예수님 믿게 해달라고 아침도 안 먹고 기도하러 가는 거라요."

"참 나, 나는 안 믿는다. 쓸데없는 짓 하지 마라."

"나는 이렇게 믿어지는데 엄마는 왜 안 믿어지노…."

결국 참았던 눈물이 터지고 말았다.

"미쳤네, 미쳤어. 교회에 완전 미쳤어….."

그 선생님께 일어났던 기적이 내게는 일어나지 않았다. 미쳤다는 소리만 들을 뿐이었다.

말레이시아에서 어머니께 안부 전화를 드렸는데, 좋지 않은 소식을 들었다. 어머니는 웬만하면 자식들 걱정할까 봐 본인 아픈 이야기는 잘 안 하시는 편인데 이명(耳鳴)이 심해져서 귀마개를 하고 계신다고 했다.

다음날 새벽기도를 갔는데, 한국이 추운 겨울 날씨가 아님에도 불구하고 귀에서 울리는 그 소리 때문에 집에서 혼자 귀마개를 하고 계시는 어머니의 모습이 떠올라서 얼마나 통곡했는지 모른다. 한참을 울어도 또 눈물이 나서 계속 울다 보니 사람들은 다 가고 나 혼자 남아 있었다. 내가 하나님 앞에서 그렇게 울었던 것은, 나는 이렇게 떨어져 있어서 아무것도 할 수 없으니 당신께서 찾아가셔서 뭐가 어떤지 한 번 봐달라는, 홀로 그렇게 귀마개를 하고 있는 어머니를 불쌍히 여겨달라는 간절한 부탁의 눈물이었다.

아픔을 평생 안고 사시는 시어머니

시집와서 보니, 친정어머니의 삶만큼이나 한과 눈물이 많은 시어머니의 삶이 보였다. 아들은 못 낳고 딸만 낳는다고 구박받고, 딸 낳은 죄로 산후조리 한 번 제대로 못 하고, 시댁 식구의 거짓말 때문에 너무나 억울하게도 바보 취급을 받고…. 고된 시집살이는 책 몇 권을 써도 다 못 쓸 만큼 사연이 많았다. 해도 해도 너무했던 그 시어머니께 "미안하다"라는 말 한마디 들어보지 못하고, 억울했어도 억울하다고 왜 그러셨냐고 말 한번 하지 못하고 가슴에 묻어둔 그 한이 어머니의 몸을 아프게 했다. 징글징글한 대수술을 몇 번이나 받으셔야 했고, 평상시에도 늘 아픈 곳이 있으셨다.

내가 가끔 깜짝 놀랐던 것은, 분명 몇십 년이 지난 일인데 바로 엊그제의 일마냥 내게 말씀하실 때였다. 그리 시간이 오래 지난 일이 시어머니에게는 아직도 해결되지 않아서 지금 일어나고 있는 일인 것처럼 생생하게 말씀하실 때 마음이 먹먹했다.

이런 시어머니의 상황을 남편한테 이야기하니 죽은 사람은 죽었으니 괜찮은데 산 사람이 살아야 할 것 아니냐며 앞으로 어머니가 지난날 억울하고 힘들었던 일을 이야기하시면 꼭 어머니 편을 들어드리라고 했다. 그래서 어머니가 이야기를 꺼내시면 나는 철저하게 어머니의 편이 되어드렸다.

"진짜 그건 아버님이 잘못하셨네. 그러면 안 되지요!"

"시할머니는 우째 어머니한테 그렇게 하셨을꼬? 참 해도 해도 너무하셨네!"

그날도 어머니와 오랜 시간 동안 시아버님과 시할머니 욕을 같이 해드리고 전화를 끊으려고 할 때 어머니께 이렇게 말씀드렸다.

"어머니, 또 지내시다가 생각나는 일이 있으시면 언제든지 전화하세요. 제가 들어드릴게요."

"아이다, 이제 됐다. 이제 할 말 없다."

웃으시면서 이제 됐다고 하셨지만, 그 후로도 어머니의 못다 한 이야기는 계속되었다.

주님, 저도 엄마의 기도를 받아보고 싶어요

한국에 들어오고 나서 참석한 어느 금요기도회에서 목사님이 '가족 구원'에 대해서 아주 강하게 말씀하시면서 선교사들도 가족 구원부터 하시라고 하셨다. 그 자리에 앉아 있는 사람들 중에 선교사 가정은 우리뿐인 것 같은데 우리에게 직접적으로 하시는 말씀인가 싶어 심장이 벌렁거리고 마음이 순간 어려웠으나, "…너희가 우리에게 들은 바 하나님의 말씀을 받을 때에 사람의 말로 받지 아니하고 하나님의 말씀으로 받음이니…"라고 하신 데살로니가전서 2장 13절 말씀이 떠오르면서 '사람의 말로 받지 아니하고 하나님의 말씀으로 받아야겠다'라는 생각이 들었다.

가족부터 구원하라는 목사님의 말씀을 하나님의 말씀으로 듣고 기도하기 시작하니 회개의 눈물이 쏟아졌다. 지금껏 가족 구원을 위해서 기도한다고 했지만 목사님의 말씀처럼 목숨 걸고 기도하지는 않았구나, 이 일에 온 힘을 쏟지 않았구나, 주님 다시 오실 날이 머지않은 것이 확실한데 내가 너무 안일했구나 싶었다.

울고 또 울면서 믿지 않는 친정, 시댁 식구들의 이름을 불러가며 구원해달라고 기도하는데 두 분의 어머니들을 생각하니 가슴이 찢어질 것 같았다. 이 땅에서의 삶도 눈물과 한이 많은데 예수님을 인격적으로 만나지 못하고 영접하지 못하여 이 삶이 끝나도 또 영원히 고통받는 삶을 사실 것을 생각하니, 이보다 더 불쌍한 삶이 어디 있는가 싶어서 엉엉 울 수밖에 없었다.

"아버지, 너무 불쌍하잖아요. 정말 너무 불쌍하잖아요. 아버지, 너무 불쌍하잖아…. 구원해줘요, 제발 구원해줘요. 제발요…."

그렇게 한참을 울면서 기도하다가 아이들과 함께 차를 타고 집으로 돌아오는 길에 이런 말을 했다.

"어머니는 너희들이 참 너무 부럽다. 예수님 믿는 부모가 있다는 거, 너희를 위해 기도해줄 엄마가 있다는 거. 너희들이 너무 부럽다."

그날 이후 친정에 갔을 때 어머니께 예수님 믿으셔야 한다며 이런저런 대화를 나누었는데, 어머니는 절이 좋다 하셨다. 절은 가면 마음이 편안해지는데, 교회는 가보니 머리가 아파서 안 되겠더라고 하셨다. '그래, 나도 이제 너 따라서 예수 믿어 볼란다' 하는, 꿈에 그리던 일은 일어나지 않았지만, 하나님 앞에 계속해서 내 눈물을 보일 뿐이다.

"하나님, 저도요, 저를 위해 눈물로 기도해주는 엄마의 기도를 한 번 받아봤으면 좋겠어요. 하나님, 저도요, 기도 제목이 생기면 엄마한테 전화해서 '엄마, 기도해주세요'라고 말할 수 있는 삶을 한 번 살아봤으면 좋겠어요. 하나님, 저도요, 엄마와 서로 은혜받은 신앙적인 이야기를 한 번만이라도 나눠봤으면 좋겠어요…."

눈물을 통해 일하신다

남편은 말씀 전하러 부산에 갔고, 나 혼자 양산에서 1부 주일예배를 드리고 축도 끝나고 남편을 위해서 기도하는데 눈물이 쏟아졌다. 남편이 설교하러 간 교회는 개척한 지 몇 년이 지났지만 성도가 몇 명밖에 되지 않는 곳이었다.

"하나님, 오늘 남편이 말씀을 전할 때 담임목사님이 제일 은혜받게 해주세요. 남편의 설교가 오늘 목사님께 제일 위로가 되고 소망이 되는 메시지가 되게 해주세요. 그 교회에 큰 은혜를 부어주세요."

하염없이 흐르는 눈물을 닦으며 짧은 시간이었지만 간절히 중보했다. 오후에 남편에게 문자로 말씀 잘 전하셨는지 안부를 물으니 남편이 '감동의 도가니'였다고 답을 했다.

"여보, 그럴 줄 알았어요. 내가 오늘 예배 때 중보하는데 눈물이 많이 나더라고요."

지난 삶을 돌아보니, 하나님께서는 무슨 일을 행하시기 전에 나에게 항상 눈물을 주셨다. 눈물을 쌓게 하셨고, 눈물로 준비하게 하셨다. 아이를 한 명씩 품을 때마다 그때에도 눈물을 많이 주셨고 눈물로 낳게 하셨다. 그리고 《바보 엄마》 책을 쓰면서, 그리고 출판사에 투고하고 나서도 얼마나 많이 울었는지 모른다.

"하나님, 저 이 책 저를 위해서 쓰는 거 아니에요. 아버지, 지금도 울고 있을 바보 엄마들에게 우리에게도 소망이 있다고, 나도 이렇게 은혜로 키우고 있다고, 우리 하나님은 좋으신 분이고 살아계신다고 전하고 싶어서 쓰는 거예요. 제 마음 아시죠?"

"이 책에 발이 달려 지금도 신음하고 울며 아파하는 엄마들에게 찾아가게 해주세요."

"하나님, 제가 교만해서 변할까 봐 출판 의뢰한 거 안 해주시는 건 아니시죠? 하나님, 저 안 변할게요, 진짜 안 변할게요. 명심하고 안 변할게요. 딱 한 번만이라도 허락해주세요."

《바보 엄마》 책이 출판되고 나서 여진구 대표님과 통화를 했을 때 대표님이 이런 말씀을 해주셨다.

"투고하신 분들의 명단을 놓고 기도를 하는데, 선교사님의 이름 차례가 되니 하나님께서 '이 딸을 통해 내가 영광을 받고 싶다'라고 말씀해주셨어요. 그래서 출판 확정이 난 거랍니다."

순간 나의 눈물의 기도를 다 보고 계셨고 다 듣고 계셨을 뿐만 아니라 일하시고 역사하신 하나님을 떠올리니 또 눈물이 났다.

그리고 하나님은 나의 눈물을 사용하셨다. 나의 눈물을 통해 일 하시는 것을 보게 하셨다. 《바보 엄마》를 읽은 분들에게서 가장 많이 들었던 말은 "눈물로 읽었어요", "눈물이 글에 박혀있는 것 같았어요"였다. 울고 또 울었던 나를 통해 엄마들에게도 동일하게 눈물을 부어주신 것이다.

더욱 놀랍게도, 직접 강의를 가서든 줌(zoom. 화상 회의 및 채팅 앱)을 통해서든, 나를 세우신 곳마다 엄마들의 눈물이 터지고 주님을 향한 눈물이 회복되는 것을 보게 하셨다. 내가 생각해도 나는 너무 눈물이 많은데 이것 또한 하나님 앞에서 은사가 될 수 있고 통로가 될 수 있다는 것도 참으로 은혜였다.

살아내기 위한 눈물, 살아내게 하시는 눈물

하나님은 나에게 순종과 헌신, 결단을 요구하시기 전에 눈물을 주시면서, 그 눈물의 은혜가 너무도 강력해서 묻지도 따지지도 않고 부어주시는 감동대로 행하고 싶은 마음이 들게 해주셨다.

그런데 참 부끄럽게도 그렇게 주님 앞에서 뜨거운 눈물을 흘리며 결단하는 것과 실제로 삶을 살아내는 것은 하늘과 땅 차이 같을 때가 많았다. 주님이 주시는 감동에 순종해서 '주님, 제가 할게요!'라고 했지만 막상 살아보니 때로는 너무 힘들고, 눈물로 기도했던 대로 살지 못하는 내 모습에 나에겐 또 눈물이 필요했다. 눈물로 감동을 주셨지만, 그 감동을 살아내기 위해서도 또 눈물이 필요했던 것이다.

그런 나를 하나님께서 늘 받아주셔서 참 감사하다. 주님 앞에서 못할 것이 없는 양 마음이 뜨거워져서 눈물로 헌신을 결단하는 나도 기뻐하셨고, 실제 삶에서는 그 감동대로 살아내는 것이 어려워서 그렇게 살아낼 수 있기를 위해서 또 눈물로 기도하는 나도 기뻐하셨다. 그래서 그렇게 살아낼 수 없을 것 같은 나를 그 눈물을 통해서 '살아내는 자'로 조금씩 바꾸어가시는 하나님의 손길을 경험했다.

혹시 당신의 삶에도 눈물이 쌓이는 일들이 있는가? 하나님께서 그 눈물을 통해서 당신에게 선하신 일을 시작하실 것을 기대하기 바란다. 그 눈물이 보잘것없어 보일 수도 있지만, 하나님은 우리의 눈물 속에 그분의 마음을 더욱 부으시고, 그 눈물을 통해 그분의 능력을 나타내 보이신다. 아무도 몰라줘도 하나님은 우리의 눈물을 주목하고 계시기에 눈물은 능력이 된다.

오직 주만 바라보나이다!

이른 아침, 아이들이 일어나기 전 혼자 조용히 말씀을 묵상하고 있었다. 역대하 20장을 읽고 있었는데 유다 여호사밧 왕의 기도와 그 기도에 응답하시는 하나님의 이야기가 어찌나 나의 이야기와 같던지 감격 그 자체였다.

우리 하나님이여 그들을 징벌하지 아니하시나이까 우리를 치러 오는 이 큰 무리를 우리가 대적할 능력이 없고 어떻게 할 줄도 알지 못하옵고 오직 주만 바라보나이다 대하 20:12

그 노래와 찬송이 시작될 때에 여호와께서 복병을 두어 유다를 치러 온 암몬 자손과 모압과 세일 산 주민들을 치게 하시므로 그들이 패하였으니 곧 암몬과 모압 자손이 일어나 세일 산 주민들을 쳐서 진멸하고 세일 주민들을 멸한 후에는 그들이 서로 쳐죽였더라 대하 20:22,23

"어떻게 할 줄도 알지 못하고 오직 주만 바라보나이다"라는 왕의 간절한 기도에 하나님께서는 싸울 것이 없는 전쟁이 되게 하셨다. 어떻게 해야 할지 모르겠다고 하나님만 바라보는 유다 백성들에게 하나님께서는 복병을 두셔서 적을 물리치시고, 또 적들이 자기들끼리 서로 쳐죽이는 말도 안 되는 전쟁으로 승리를 안겨주셨다.

이 이야기를 읽고 또 읽으며 혼자 얼마나 감탄했는지 모른다. 그리고 이내 눈물이 맺혔다. 하나님께서 우리에게 그토록 원하시는 것이 바로 이런 기도가 아닐까?

역대하 20장의 이야기를 잊어갈 즈음, 어느 날 저녁 화장대 앞에 앉아 있는데 눈물이 흘렀다. 여섯 아이 중에 문제가 없는 아이가 없는 것 같고, 이 아이를 신경 쓰자니 저 아이도 들여다봐야 할 것 같고, 뭘 어떻게 해야 할지 모르겠다는 막막함에 눈물만 흘렀다. 그 순간 하나님께서 다시금 역대하 20장의 여호사밧 왕의 기도가 생각나게 해주셨다. 말씀이 생각나는 순간, 나는 두 손을 들고 엉엉 울며 거울 앞에서 외치기 시작했다.

"주님, 제게는 대적할 능력이 없고 어떻게 할 줄도 알지 못하옵고 오직 주만 바라보나이다! 오직 주만 바라보나이다! 오직 주만 바라보나이다!"

오직 주만 바라본다고 말씀드렸을 뿐인데 하나님께서 움직이고 일하시는 것을 볼 수 있었다. 우선 나에게는 새벽을 깨워 부르짖어 기도하라는 감동을 주셨다. 아이들이 일어나기 전 집에서 혼자 조용히 기도하는 것 말고 교회 새벽기도에 가서 소리를 내어 간절히 주님을 찾게 하셨다.

모두 잠잠히 기도하시는데, 나 혼자 유별난(?) 성도같이 보였지만 부르짖어 기도할 때라고 하시니 혼자 울었다가 외쳤다가 하면서 하나님 앞에 무거운 짐을 내어놓으며 맡겨드리기 시작했다. 신기하게도 기도하기 시작하니 아이들에게도 집에도 안정된 평안함이 깃드는 것을 느꼈다. 아이들의 소소한 문제가 굳이 손을 대지 않아도 저절로 해결된 것같이 느껴지기도 했다.

하나님은 눈물의 기도를 통해 놀랍게 역사하신다

한국에 와서 하나님께서 가장 많이 듣게 하시고 보게 하시는 것이 자녀 신앙교육의 어려움이었다. 평신도 가정부터 목회자 가정에 이르기까지 믿음으로 잘 자라날 줄 알았던 자녀들이 커갈수록 믿음의 길에서 벗어나고 있는 것 같은 위기감을 토로하며 어찌해야 할지 모르겠다고 고민하는 분들을 많이 만나게 하셨다. 마음이 아팠다. 우리 부부 나름대로 조언을 드리기도 했지만, 마음이 시원하지는 못했다.

자녀 양육이 지식과 기술(skill)로 되는 것일까? 나는 성경적 자녀

양육은 여호사밧 왕과 같이 "어찌할 줄을 알지 못하옵고 오직 주만 바라보나이다!"라는 눈물의 기도에서부터 시작된다고 생각한다. 어떻게 해야 할지 모르는 그 절박한 마음으로 오직 하나님만 바라보며 도와주시기를, 회복의 물꼬가 터지고 지금이라도 신앙 전수가 이루어질 수 있게 하시기를 부르짖어 간구할 때, 하나님께서 일으키시고 시작하게 하시는 것을 경험할 수 있다. 꼭 기억하자! 하나님께는 늘, 언제나, 항상 대책이 있고 방법이 있다는 것을!

우리가 자녀 양육에 관한 책들도 읽고 강의를 듣고 하지만, 사실 몰라서 못 하는 것보다 알아도 못 하는 것이 많다. 머리로는 다 알지만 그것을 감당할 힘이 우리에게 없을 때가 많은 것이다. 나 역시도 내가 알고 있는 대로 그렇게 멋지게 해내고 싶은데 해내기는커녕 시작할 엄두조차 나지 않을 때가 많았다. 그래서 나는 많이 울었다. 속상해서 울고, 도와주십사 부탁드리며 울었다.

눈물의 기도를 통해 일하시는 하나님의 역사는 늘 놀라웠다. 사실 나 자신이 놀랄 때가 많았다. 내 속에 이런 힘과 끈기가 있었는지, 이렇게 논리적이고 사랑이 담긴 훈계를 내가 어떻게 할 수 있는지, 아이들의 마음을 어떻게 만지셨는지…. 내 안에 있는 것으로는 못 할 일들이 많다. 하지만 눈물로 그분의 도우심을 구할 때 불가능이 가능으로 바뀌는 것을 경험할 수는 있다.

눈물의 기도를 통해서 내가 변화되고, 아이들이 살아나는 것을 경험하면서 하나님께 이런 기도를 올려드리게 되었다.

"주님, 가정을 살리고 세우기 위해서 누군가가 울어야 한다면 남편을 위해서 아이들을 위해서 제가 눈물의 제단을 쌓겠습니다. 그리고 저뿐만 아니라 가정을 위해 눈물의 헌신을 감당하겠다고 손드는 만 명의 울보 엄마들을 세워주시옵소서!"

나는 꿈을 꾼다. 코로나19로 움츠려 있는 한국 교회의 부흥이 울보 엄마들의 눈물에서부터 다시 시작되기를. 그리고 그 눈물이 신앙에서 떠나고 있는 우리의 다음세대를 다시금 돌이키게 하는 기적의 눈물이 되기를.

울보 엄마

초판 1쇄 발행	2022년 5월 3일
지은이	권미나
펴낸이	여진구
책임편집	최현수
편집	이영주 정선경 진효지 안수경 김도연 최은정 김아진 정아혜
책임디자인	마영애	노지현 조은혜
기획·홍보	김영하

마케팅	김상순 강성민 허병용	마케팅지원	최영배 정나영
제작	조영석 정도봉	경영지원	김혜경 김경희

303비전성경암송학교 박정숙 최경식
이슬비전도학교 / 303비전성경암송학교 / 303비전꿈나무장학회 어은학

펴낸곳   규장

주소 06770 서울시 서초구 매헌로 16길 20(양재2동) 규장선교센터
전화 02)578-0003   팩스 02)578-7332
이메일 kyujang0691@gmail.com   홈페이지 www.kyujang.com
페이스북 facebook.com/kyujangbook   인스타그램 instagram.com/kyujang_com
카카오스토리 story.kakao.com/kyujangbook
등록일 1978.8.14. 제1-22

ⓒ 저자와의 협약 아래 인지는 생략되었습니다.
이 출판물은 저작권법에 의해 보호를 받는 저작물이므로 무단 전재와 무단 복제를 할 수 없습니다.

책값 뒤표지에 있습니다.
ISBN 979-11-6504-317-9   03230

규 | 장 | 수 | 칙

1. 기도로 기획하고 기도로 제작한다.
2. 오직 그리스도의 성품을 사모하는 독자가 원하고 필요로 하는 책만을 출판한다.
3. 한 활자 한 문장에 온 정성을 쏟는다.
4. 성실과 정확을 생명으로 삼고 일한다.
5. 긍정적이며 적극적인 신앙과 신행일치에의 안내자의 사명을 다한다.
6. 충고와 조언을 항상 감사로 경청한다.
7. 지상목표는 문서선교에 있다.